HTML para novatos

Jose M Sepulveda

Published by Jose M Sepulveda, 2018.

Crea tu web paso a paso

Manual completo para crear una web

José M Sepúlveda

JOSE M SEPULVEDA

HTML ...para novatos

José M Sepúlveda Pérez

Derechos de autor

Autor:

José María Sepúlveda Pérez

Diseño portada:

José María Sepúlveda Pérez

A mi mujer porque el tiempo que le dedico a esto, se lo robo a ella.

Índice

Introducción

Antes de sumergirnos en esta magnífica guía que nos va a llevar a realizar nuestra primera página Web, sería bueno saber qué es en realidad una página web.

El servicio World Wide Web (La Telaraña Mundial), más conocida como WWW o simplemente Web, es un sistema de información que se distribuye por Internet basado en la tecnología Hipertexto/Hipermedia, que proporciona un lenguaje común al intercambio de los distintos formatos de datos (texto, gráficos, audio, video...).

Claro está, como somos novatos lo primero que se nos viene a la cabeza es ¿qué diablos es eso de Hipertexto? Pues no es otra cosa que un texto en el que algunas de sus palabras pueden ser especificadas como un enlace a otros documentos que contienen más información sobre esa palabra. Es decir, lo que hacemos normalmente cuando hacemos clic con el ratón sobre alguna palabra y que nos lleva a otro documento y éste a otro y así sucesivamente hasta encontrar la información deseada.

La tecnología Hipermedia, como tú ya has deducido, es exactamente lo mismo, pero en lugar de texto puede ser multimedia, es decir, puede incluir imágenes, videos....

Ya tenemos nuestro documento Web o página Web terminado, nos ha quedado niquelado pero... ¿qué hacemos con él? Evidentemente no lo podemos dejar en nuestro PC, tanto trabajo para verlo solos no tiene sentido, entonces tenemos que buscar un sitio donde todo el mundo que quiera pueda tener acceso a él. Ese sitio es un Servidor Web, donde están alojadas mas páginas web parecidas a la nuestra y a las que podemos acceder mediante enlaces de hipertexto, enlazando unas con otras para crear la famosa telaraña mundial.

HTML PARA NOVATOS

Como tu bien sabes, el lenguaje estándar para la creación de páginas web es el HTML (HyperText Markup Language). El HTML es un lenguaje muy sencillo que básicamente se trata de especificar en el texto la estructura lógica del contenido (títulos, párrafos, enumeraciones, etc.) y también los efectos que se quieren dar (indicar dónde poner cursiva, negrita, etc.).

Bueno ya casi tenemos todo pero necesitamos alguna aplicación para interpretar el lenguaje HTML, esa aplicación son los llamados Navegadores que todos conocemos. Mediante ellos podemos ver los documentos HTML y movernos entre ellos a través de los vínculos. A este fenómeno le llamamos todos "navegar por la red".

No te preocupes, lo que acabas de leer es la parte más técnica del libro, simplemente era una introducción para que todos aclaremos unos pequeños conceptos.

El propósito del libro y el motivo por el que tú lo has comprado, es aprender a crear una página web desde cero, sin necesidad de tener ningún conocimiento previo de programación. El criterio que seguiremos a lo largo del libro, será eminentemente práctico, realizando ejemplos y ejercicios prácticos por cada paso que vayamos avanzando. Además tendrás la posibilidad de ver el resultado de todos y cada uno de los ejemplos Online mediante los enlaces que encontrarás Cuando lleguemos al final seremos capaces de crear una fantástica web, ¡nuestra web!

Lo único que necesitamos para realizar nuestro gran proyecto es:

+ Saber escribir con un teclado.

+ Saber usar un ratón.

+ Ganas de aprender.

En cuanto a las herramientas que vamos a necesitar son básicamente dos:

+ Un editor de texto

+ Un navegador

Como editor de texto nos vale cualquiera, siempre que no de formato al texto para evitar que nos produzca errores, en los navegadores. El más práctico y fácil de usar es el Block de notas de Windows, si usas otro procesador de texto, como el Word de Microsoft, asegúrate de guardar los fichero como "Solo texto", sin formato.

El método de trabajo que vamos a seguir es muy sencillo, a medida que vayamos avanzando en el libro iremos haciendo ejemplos sobre lo visto. Con el editor de texto puedes ir creando ficheros que guardarás con la extensión .html, por ejemplo "miweb.html". Mi consejo es que crees un directorio específico en tu ordenador donde ir guardando nuestros avances y ejercicios, de esa manera siempre lo tendrás todo junto.

Sin más preámbulos, vamos a empezar a dominar este lenguaje de programación.

Tu primer documento HTML

Vas a crear tu primera página web. Si, sin dar más vueltas, en un momento te vas a convertir en un programador de páginas web. Vamos a diseñar una página sencilla en la que le daremos un título y añadiremos dos párrafos, pero será suficiente para que veas lo sencillo que es.

Como consejo, te recomiendo que crees una carpeta nueva en tu PC donde puedas ir guardando los ejemplos que vamos a ir haciendo a lo largo del curso.

1.- Abre el editor de texto. Como norma usaremos el Block de Notas.

2.-Teclea lo siguiente:

<html>

<head>

<title>Mi fábrica de HTML</title>

</head>

<body>

<p>Aquí construyo páginas web</p>

<p>Son las mejores de Internet</p>

</body>

</html>

3.- Guarda el archivo con el nombre: ejemplo1.html

4.- Abre tu navegador de Internet. No necesitas estar conectado a Internet para ver tus páginas.

5.- Elige "Archivo/Abrir página". Esto puede variar de un navegador a otro.

6.- Busca el fichero "ejemplo1.html" y ábrelo.

7.- Como método alternativo también puedes pinchar dos veces sobre el fichero.

En tu navegador debes ver esto:

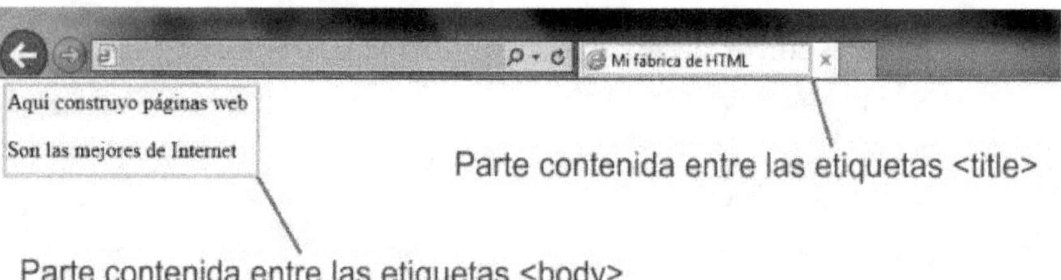

¡Increíble! Acabas de terminar tu primera página web.

Estructura básica de un documento HTML

Como habrás visto en la página web que acabas de realizar, la estructura es relativamente simple. El principio básico del HTML es el uso de etiquetas (tags) para indicar al navegador qué es lo que queremos que haga. La sintaxis es la siguiente:

<etiqueta> Inicio de la etiqueta.

</etiqueta> Fin de la etiqueta.

Es muy importante entender el mecanismo de las etiquetas puesto que es la base del lenguaje HTML.

Es muy sencillo, cuando el navegador encuentra el signo "<" lee todos los caracteres que vienen a continuación hasta que encuentra el signo ">", entonces el navegador interpreta todo el contenido comprendido entre los dos símbolos como una orden que le hemos dado.

El navegador que es muy obediente, y además no piensa por sí mismo, empieza a aplicar esa orden a todo lo que viene a continuación. Pero como el navegador no piensa, está aplicando esa "orden" hasta que de pronto encuentra el signo "</", en ese momento para, lee todos los caracteres que vienen a continuación hasta que encuentra el signo ">", interpreta lo que le decimos y sabe que debe de dejar de aplicar la orden que le habíamos dado.

Hay etiquetas que afectan a todo el documento HTML, mientras que hay otras que afectan solo a una parte exclusiva de texto. Como una imagen vale más que mil palabras, el siguiente gráfico nos va a ayudar.

Todo documento HTML está dividido en dos partes, la cabecera y el cuerpo:

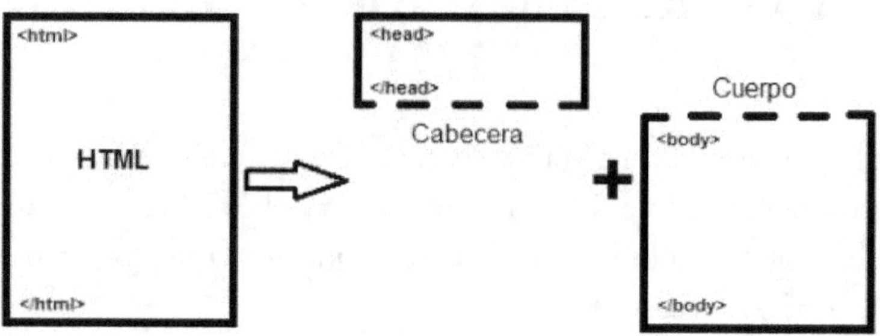

El documento HTML o página web siempre empieza con la etiqueta <html> y termina con </html>. Comprendidas en su interior, están las dos partes: la cabecera (head en inglés) que incluye toda la información de la propia página web, como el idioma, el título... que no se ve en la pantalla (con la única excepción del título que los navegadores lo muestran en la pestaña como título de la ventana), y el cuerpo (body en inglés) que muestra todo lo que vemos en la pantalla.

Ahora es el momento de recordar tu primera web y como lo veíamos en el navegador. Recuerda que dentro del <head> estaba anidada la etiqueta <title> que lo veíamos en la pestaña de la ventana, y que dentro de la etiqueta <body> estaba todo el contenido de nuestra web y justamente es lo que veíamos en la pantalla.

Como curiosidad puedes ver el código fuente de tu web en el navegador. Abre Inicio/Ver/Código fuente, y verás el documento HTML almacenado en el navegador. De esta manera puedes ver el código de cualquier página web.

Comandos básicos

Como verás, sin apenas darnos cuenta, sabemos un montón de cosas sobre este lenguaje de programación. ¡Qué bien suena eso!

Es muy importante y recomendable ir probando en el Block de Notas cualquier etiqueta nueva de las que vamos incorporando y jugar con todas sus opciones. De esa forma puedes ir viendo los efectos que produce.

A continuación, vamos a ver los comandos básicos que usaremos dentro de las etiquetas <body> de un documento HTML con los que conseguirás ordenar en la pantalla todo lo que quieras representar en tu página Web.

Vamos a empezar por organizar el texto. Lo primero que se nos viene a la cabeza es la necesidad de organizar el texto en párrafos, para que no nos escriba todo seguido en la misma línea hasta que se termina el monitor. Para ello usamos la etiqueta <p> que es el equivalente a introducir un retorno de carro, además fuerza otro retorno de carro para dejar un espacio en blanco entre párrafos para que quede más legible.

Podemos usar también la etiqueta <br> que al igual que la anterior nos produce un salto de carro pero sin dejar una línea en blanco entre los párrafos.

Esta etiqueta no necesita una etiqueta de fin, es opcional. Yo aconsejo su uso puesto que a la hora de depurar una web es mejor tenerlo todo bien organizadito.

Con estas dos etiquetas ya tenemos herramientas suficientes como para controlar como va a aparecer nuestro texto agrupado en párrafos, con su espacio en blanco entre párrafos. Todo muy bien, pero vamos a ir un poco más lejos, vamos a justificar a nuestro gusto el texto.

Los párrafos delimitados por etiquetas pueden ser fácilmente justificados a la Izquierda, Centro o Derecha, especificando donde queremos el texto mediante el atributo "align" colocado dentro de la etiqueta. Un atributo no es más que una especificación dentro de una etiqueta para hacerla más personal.

Por defecto, el HTML nos justifica el texto a la Izquierda. Para poder colocarlo donde nosotros queramos, tenemos a nuestra disposición estas etiquetas:

+ LEFT: el texto está alineado a la izquierda (por defecto).

+ CENTER: el párrafo es centrado.

+ RIGHT: el párrafo es justificado a la derecha.

Estas etiquetas pueden ir concatenadas dentro de otras etiquetas. Para centrar un párrafo o alinearlo a la derecha, se podrían escribir con esta sintaxis:

```
<p> <center> TEXTO </center> </p>

<p align="right">TEXTO</p>
```

Y ahora, con las herramientas de las que disponemos encima de la mesa, ha llegado el momento de que retomemos nuestra página web y vayamos incorporando algunas mejoras y algo más de contenido.

Vamos a centrar el primer párrafo a modo de encabezado de página y añadiremos algún párrafo más para jugar con los saltos de línea:

```
<html>

<head>

<title>Mi fábrica de HTML</title>

</head>

<body>

<p><center>Aquí construyo páginas web</center></p>
```

<p>Son las mejores de Internet</p>

<p>Esta fábrica empezó a construir páginas web hace unos días.
Ahora ya podemos hacer cosas como estas.</p>

<p>Poco a poco iremos añadiendo cosas</p>

</body>

</html>

Sigue los pasos que hicimos anteriormente y guárdalo con el nombre ejemplo2.html. Una vez guardado, ejecútalo y verás en tu navegador el resultado. ¡Espectacular!

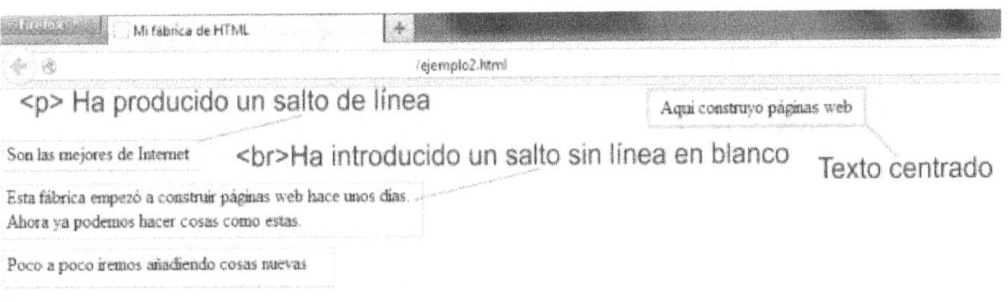

Como verás en la imagen de arriba y si has hecho el ejemplo lo habrás visto en tu navegador, hemos conseguido dar un poco de orden a nuestra web.

Cada párrafo marcado con la etiqueta <p> está separado del siguiente con por una línea en blanco. Si recuerdas, también incluimos la etiqueta <br> en el interior de un párrafo, y el efecto conseguido es que no ha producido un salto sin incluir ninguna línea en blanco.

Cuatro normas básicas a recordar

1.-El HTML es un documento de texto simple, sin formato, por lo que es mejor utilizar un editor de texto simple como el Note Book de Windows.

2.-El HTML no distingue entre mayúsculas y minúsculas en las etiquetas. Aunque es aconsejable que tú mismo te impongas una norma y las escribas siempre de la misma forma.

3.-No importan las tabulaciones, los saltos de línea, ni los espacios en blanco extras puesto que los navegadores no los reconocen. La principal ventaja de esto es que obtenemos un resultado uniforme y fácil, la desventaja es que tenemos que usar la etiqueta de párrafo <p> para evitar que nos escriba todo en la misma línea.

4.-En HTML existen algunos caracteres especiales como el símbolo "<" que no pueden escribirse directamente ya que forman parte del lenguaje y deben escribirse de una manera especial, precedidas del símbolo &. Si quisiéramos escribir el signo menor que "<", sin que fuese parte de una etiqueta, deberíamos escribirlo así: <. Más adelante veremos una tabla que contiene esos caracteres especiales.

El Texto

La mayor parte del contenido de una página web o documento HTML, está formado por texto, puede llegar a ser más del 90% del código de la página. Por eso es muy importante conocer las etiquetas y elementos que el HTML nos ofrece para el texto.

Como hemos visto en el ejemplo anterior, el HTML nos ofrece herramientas para estructurar el texto en párrafos, secciones, líneas, etc. Pero además también disponemos de etiquetas para marcar partes importantes del texto.

La tarea más importante de un editor de contenidos HTML, o sea nosotros, es estructurar perfectamente el contenido que queremos incluir en nuestra web. Conseguido esto, que es más importante de lo que en principio podamos pensar, puesto que tiene connotaciones futuras a la hora de posicionar nuestra web en los buscadores, el resto del diseño es mucho más fácil.

Texto original

"Lorem ipsum dolor sit amet, consectetur adipisicing elit, sed do eiusmod tempor incididunt ut labore et dolore magna aliqua. Ut enim ad minim veniam, quis nostrud exercitation ullamco laboris nisi ut aliquip ex ea commodo consequat. Duis aute irure dolor in reprehenderit in voluptate velit esse cillum dolore eu fugiat nulla pariatur. Excepteur sint occaecat cupidatat non proident, sunt in culpa qui officia deserunt mollit anim id est laborum."

Texto estructurado

Titular — Lorem ipsum dolor sit amet

consectetur adipisicing elit, sed do eiusmod tempor incididunt ut labore et dolore magna aliqua. Ut enim ad minim veniam, quis nostrud exercitation ullamco laboris nisi ut aliquip ex ea commodo consequat.

Título de sección — Duis aute irure dolor

reprehenderit in voluptate velit esse cillum dolore eu fugiat nulla pariatur. Excepteur sint occaecat cupidatat non proident, sunt in culpa qui officia deserunt mollit anim id est laborum.

Párrafos

El resultado de estructurar un texto simple, como puedes apreciar en las dos figuras del ejemplo, nos permite indicar distintas partes o zonas de las que está compuesta nuestra web. En el ejemplo de la figura anterior, podemos ver que tenemos una parte de texto que hemos resaltado como titular, otra parte que hemos decidido marcarla como título de sección y por último hemos creado dos párrafos.

En HTML existen etiquetas para definir como título un texto determinado elegido por nosotros. Son los llamados encabezados, Header en Inglés. Como decimos son etiquetas que formatean el texto como titulares dándoles un tamaño y aspecto diferente.

Hay varios tipos de encabezados que se diferencian en el tamaño de la letra. La etiqueta en cuestión es <h1> con un tamaño predefinido más grande hasta <h6> que nos da el más pequeño. Su formato sería:

<h1>Encabezado de nivel 1</h1>

<h2>Encabezado de nivel 2</h2>

<h3>Encabezado de nivel 3</h3>

<h4>Encabezado de nivel 4</h4>

<h5>Encabezado de nivel 5</h5>

<h6>Encabezado de nivel 6</h6>

Los navegadores por defecto otorgan un tamaño de texto determinado en función de la etiqueta usada, siendo la <h1> la de mayor importancia y <h6> la de menor importancia. Pero no te preocupes, tú puedes cambiar el aspecto de las etiquetas a tu gusto generando estilos y especificando el tamaño y tipo de letra que quieres usar para cada encabezado de tu página web.

Dar formato al texto

Además de todo lo relativo a Títulos, Subtítulos y párrafos podemos jugar con la propia letra. Resulta muy cómodo poder resaltar texto usando negrita, itálica y otros más. Resulta también muy importante poder resaltar índices y subíndices para representar textos científicos. Todo esto es posible en HTML con la multitud de etiquetas de las que disponemos para dar formato al texto. En este libro haremos un repaso a las más necesarias y de uso más frecuente en las páginas web.

Quiero recordarte que las etiquetas en HTML pueden encadenarse unas dentro de otras, de manera que a un mismo texto se le pueden aplicar tantas etiquetas como creamos necesario.

Negrita

Podemos resaltar texto en negrita incluyéndolo dentro de las etiquetas <b> y </b> (bold). Esto mismo lo podemos hacer usando <strong> y </strong>, siendo las dos equivalentes. Nosotros vamos a usar la primera por una mera cuestión de esfuerzo...

<b>Texto en Negrita</b>

Obtenemos este resultado:

Texto en Negrita

<u>Itálica</u>

Igual que la anterior existen dos etiquetas que hacen la misma función <i> e </i> (italic) y otra más larga <em> y </em>. En este libro y en la mayoría de las páginas que encontréis por ahí, encontrareis la primera forma.

<i> Texto en Itálica </i>

Nos mostraría

Texto en Itálica

<u>Subrayado</u>

En HTML también podemos usar etiquetas para subrayar texto con <u> y </u> (underlined). Pero cuidado, tenemos que ser muy prudentes con los subrayados porque los enlaces (a no ser que se especifique otra cosa) normalmente se muestran con texto subrayado y podemos confundir al personal.

<u>Subíndices y Supra índices</u>

Cuando tenemos necesidad de representar notaciones científicas en nuestra web podemos usar estas dos etiquetas:

^y para supra índices

_y para subíndices.

Como ejemplo:

<p>La la potencia ¹⁴del número 46 en base₂</p>

Nos presentaría:

La potencia ^{14} del número 46 en base $_2$

Hemos vistos las etiquetas usadas más comúnmente en cualquier página web y que cubren casi todas la necesidades. Existen otras etiquetas menos usadas pero que vamos a repasar de manera rápida para que sepas que existen. Estas son <blockquote> y </blockquote> que se utilizan para marcar un texto como si fuese una cita textual. Otra etiqueta <pre> y </pre> nos presentan el texto con un formato predefinido, aparecerá como si se hubiese escrito con una máquina de escribir (Courrier).

Color, tipo y tamaño de letra.

Actualmente y por cuestiones de homogeneidad y sencillez, este tipo de formatos son controlador por las hojas de estilos en cascada CSS, y algunas de estas etiquetas no son soportadas en HTML5. Pero en este libro no tendremos en cuenta los nuevos estándares y usaremos las marcas clásicas de HTML 4.

La etiqueta tipográfica <Font> y su correspondiente cierre </Font>, es una de las más usadas en el mundo de la programación de páginas web. Se utiliza para formatear un determinado texto dentro de un documento, en realidad si se usara al principio del documento daría formato a todo el texto del contenido. Sin embargo, ha sido concebida para usar en determinadas partes del texto.

Con la etiqueta <Font> podemos indicar de manera conjunta o individualmente el tipo de letra, color y tamaño. Es decir, si necesitamos cambiar el color de una palabra solamente podremos usar <Font> acompañada del atributo "color" del que hablaremos un poco dado que es algo especial. Así, si quisiéramos cambiar el tipo de letra, lo usaríamos con el atributo "face". Para cambiar el tamaño se usa el atributo "size" con la particularidad que usa valores de tamaño relativos, del 1 al 7, siendo 1 el tamaño más pequeño.

La sintaxis de la etiqueta <Font> usada de manera individual sería la siguiente:

<Font size="5"> y su cierre </Font>

<Font face="arial"> y su cierre </Font>

<Font color="red"> y su cierre </Font>

De manera conjunta:

<Font size="5" face="arial" color="red"> y su cierre </Font>

El color, como mencione antes, es algo especial. Hay unos colores estándares que se pueden representar mediante su nombre: red, blue, yellow, etc. Pero además podemos crear cualquier color a nuestro gusto mediante un código hexadecimal.

La composición de ese código está dividida en tres partes: RGB (rojo, verde y azul) y cada una de esas partes está compuesta a su vez por otras dos (RRGGBB). Cada una de esas partes está compuesta por un número hexadecimal. En la siguiente tabla puedes encontrar la equivalencia entre los números decimales y hexadecimales:

0=0	4=4	8=8	C=12
1=1	5=5	9=9	D=13
2=2	6=6	A=10	E=14
3=3	7=7	B=11	F=15

Para conseguir un color debemos mezclar las cifras de esta manera:

#RRGGBB

Donde cada valor puede crecer desde 00 hasta FF

Para construir el color rojo sería: #FF0000

Bueno aclarada esta curiosidad sobre cómo construir colores, he de deciros que no os compliquéis mucho la cabeza construyendo colores y mezclas hexadecimales puesto que hay cientos de páginas web que nos los dan "cocinados", volvamos a la etiqueta <Font>.

Imaginemos que queremos que la primera letra de un párrafo aparezca con un tamaño mayor que el resto del texto, a modo de letra capital. Nuestro párrafo lo tendríamos que confeccionar de la siguiente forma:

<p><Font size="5"C</Font>caminante no hay camino.....

Nos quedaría tal que así:

Caminante no hay camino

Y ahora hemos cambiado de opinión y nos gusta más que la primera palabra (Caminante) sea más grade, de otro tipo y con otro color:

<p><Font size="5" face="Arial" color="#00ff00">Caminante</Font> no hay camino...</p>

Como ves hemos usado la etiqueta <Font> con todos los atributos juntos, evitando así llenar nuestro código de tres etiquetas distintas para una sola palabra.

Listas

Las listas son una forma de clasificar el contenido de una página web al igual que podemos realizar listas en cualquier faceta cotidiana. En el lenguaje nos HTML proporcionan una forma de clasificar la información y hacer que ésta sea más inteligible para los visitantes de nuestra web.

Disponemos de tres tipos de listas:

+ Listas desordenadas

+ Listas ordenadas

+ Listas de definición

Listas desordenadas

Son las listas que por no tener un orden específico, es decir que nos da igual el orden de los componentes de nuestra lista, no necesitan que los elementos que componen la lista sean numerados.

La forma de especificar una lista desordenada es mediante la etiqueta <ul> y su marca de fin </ul>.

Cada uno de los elementos de la lista se identifica con la etiqueta <li>. La etiqueta de fin no es necesaria. Su estructura es la siguiente:

<ul>

<li>Un elemento

<li>Otro elemento

<li>Otro elemento más

</ul>

Se puede definir el tipo de viñeta que queremos que se represente delante de cada elemento de la lista. Para conseguirlo tenemos que incluir el atributo "type" dentro de la etiqueta de apertura <ul> para que tenga efecto sobre toda la lista o dentro de la etiqueta <li> del elemento que queremos resaltar. La sintaxis es:

<ul type="tipo de viñeta">

Donde el tipo de viñeta puede ser:

+ Circle

+ Disc

+ Square

Algunos navegadores no aceptan el atributo "type" y por mucho que nos empeñemos siempre nos mostrará un círculo.

Vamos a ver un ejemplo que nos aclare todo esto haciendo una lista con un cuadrado delante de cada elemento menos el último que queremos un círculo:

```
<ul type="square">
<li>Melones
<li>Sandias
<li type="circle">Melocotones en oferta
</ul>
```

Como ves hemos utilizado el atributo "type" en la etiqueta <ul> para asignar un cuadrado a todos los elementos de la lista con la excepción del último que lo hemos usado con <li> para asignar un círculo a ese elemento.

Listas ordenadas

Son idénticas a las anteriores pero con la diferencia que cada uno de los elementos de la lista va precedido de un número que indica el orden en la lista.

La lista ordenada se crea con la etiqueta <ol> y su marca de fin es </ol>. Es obligatorio usar la etiqueta de fin.

Los elementos van precedidos de la etiqueta <li>, no es obligatorio el uso de la etiqueta de fin.

```
<ol>
<li>Primer elemento
```

```
<li>Segundo elemento

<li>Tercer elemento

</ol>
```

Al igual que el anterior tipo de lista, podemos asignar un tipo de numeración para todos los elemento de la lista. Podemos elegir el atributo "type" entre números (1, 2, 3 ....), letras (a, b, c, ...) o mayúsculas (A, B, C, ...), o bien números romanos en sus versiones mayúscula (I, II, III, ...) o minúsculas (i, ii, iii, ...). En este caso el atributo "type" va dentro de la etiqueta <ol>. Los valores que puede adoptar son:

+ 1 para ordenar por números.

+ a para ordenar por letras.

+ A para ordenar por letras mayúsculas.

+ i para números romanos en minúscula.

+ I para números romanos en mayúscula.

Para ordenar la lista con números romanos en minúscula, usaríamos:

```
<ol type="i">
```

Quizás alguna vez necesitemos una lista ordenada partiendo de un número determinado, es decir queremos que el primer número de la lista sea el "6". Para ello tenemos el atributo "start" que tiene como valor un número, por defecto sería el "1", en tal caso el primer elemento de la lista sería el nº 1. Para los números romanos o las letras, el navegador se encarga de hacer la traducción del número o la letra correspondiente.

Vamos a realizar algún ejemplo:

```
<p>Lista ordenada por números</p>
```

```html
<ol type="1">
<li>Nombre nº1
<li>Nombre nº2
<li>Nombre nº3
</ol>
<p>Lista ordenada por letras</p>
<ol type="a">
<li>Primera letra
<li>Segunda letra
<li>Tercera letra
</ol>
<p>Lista ordenada por números romanos desde el 10 como inicio</p>
<ol type="i" start="10">
<li>Romano X
<li>Romano XI
<li>Romano XII
</ol>
```

Los resultados de estas listas serían:

1. Nombre nº1

2. Nombre nº2

3. Nombre nº3

a. Primera letra

b. Segunda letra

c. Tercera letra

x. Romano X

xi. Romano XI

xii. Romano XII

Listas de definición

Por último vamos a ver las listas de definición, en las que cada elemento es presentado con su definición. La etiqueta principal es <dl> y su cierre </dl>. Las etiquetas de cada elemento y su definición son <dt> para el elemento y <dd> para su definición.

Como siempre un ejemplo vale más que mil párrafos:

```
<p>Glosario de términos</p>

<dl>

<dt>Camionero

<dd>Conductor de camiones

<dt>Panadero

<dd>Quien cocina pan

</dl>
```

El resultado obtenido:

Glosario de términos

Camionero

    Conductor de camiones

Panadero

Quien cocina pan

Anidando las listas

Ahora conocemos como realizar tres tipos distintos de listas de elementos. Nada nos impide realizar una lista anidando todas ellas y obtener un resultado mixto, acorde a nuestras necesidades.

```
<p>Ciudades europeas</p>

<ul>

<li>España

<ol>

<li>Madrid

<li>Barcelona

</ol>

<li>Francia

<ol>

<li>Paris

<li>lyon

</ol>

</ul>
```

Hemos conseguido crear una lista mixta:

Ciudades europeas

+ España

1.-Madrid

2.-Barcelona

+ Francia

3.-Paris

4.-Lyon

Caracteres especiales.

En HTML existen algunas limitaciones para escribir texto. Por ejemplo si quisiéramos incluir el símbolo mayor que ">" como texto normal, el navegador podría incurrir en error al interpretar que es el comienzo de una etiqueta.

Para solucionar estas limitaciones existen unos códigos que se utilizan para diferenciar qué es parte de una etiqueta y qué es texto.

< para <

> para >

& para &

" para "

Como ves estos códigos empiezan por & y terminan con ;

De manera similar existen códigos para escribir letras de determinados idiomas. Hay muchos pero lógicamente los que más nos interesan son los nuestros, las vocales acentuadas, la ñ y los símbolos "¿" y "¡".

Los códigos para formar las vocales acentuadas se forman comenzando con el signo & seguido de la vocal en cuestión, seguido de la palabra "acute" (aguda) y terminando con el signo ";".

á para la á

é para la é

í para la í

ó para la ó

ú para la ú

Á para Á

É para É

Í para Í

Ó para Ó

Ú para Ú

El resto de los códigos son:

ñ para la ñ

Ñ para la Ñ

ü para la ü

Ü para la Ü

¿ para ¿

¡ para ¡

Todo esto que en efecto parece muy laborioso de escribir para cada acento, cada ñ... puede parecer un esfuerzo inútil si escribimos nuestro texto directamente y comprobamos que lo podemos ver correctamente en nuestro navegador. Pero lo cierto es que nunca podremos estar seguros al 100% de que todo el mundo que entra en nuestra web pueda ver correctamente cualquiera de estos símbolos.

Ejercicio práctico nº 1

Tenemos suficientes etiquetas como para intentar hacer una página medianamente seria y con los datos ordenados a nuestro gusto. Vamos a intentar realizar una página web usando lo que hemos aprendido hasta el momento. Intenta hacerla primero en un papel y luego probarla en tu PC para ver el resultado.

El ejercicio que te propongo es realizar una página web con las siguientes características:

_ Un encabezado de nivel H1 con el color que te guste y un tamaño grande.

_ Dos encabezados de nivel H2 con otro color.

_ Un párrafo con alineación central.

_ Un párrafo con alineación izquierda.

_ Una lista desordenada

_ Una lista ordenada.

Lo más importante antes de realizar una página web es hacer un esquema del contenido completo en un papel para que veas gráficamente el orden. Esto te ahorrará tiempo y quebraderos de cabeza en un futuro. Una vez hecho esto puedes ir escribiendo el código de acuerdo al esquema que has realizado.

Si has realizado el ejemplo propuesto "personalizado", guárdalo con la extensión ".html" y ejecútalo en tu navegador.

A continuación, puedes ver la imagen tomada del navegador así como el código html del ejemplo propuesto. Naturalmente no tiene porque ser igual al que tú has realizado, pero puede servirte como referencia.

Solución al ejercicio práctico nº 1

Captura de pantalla

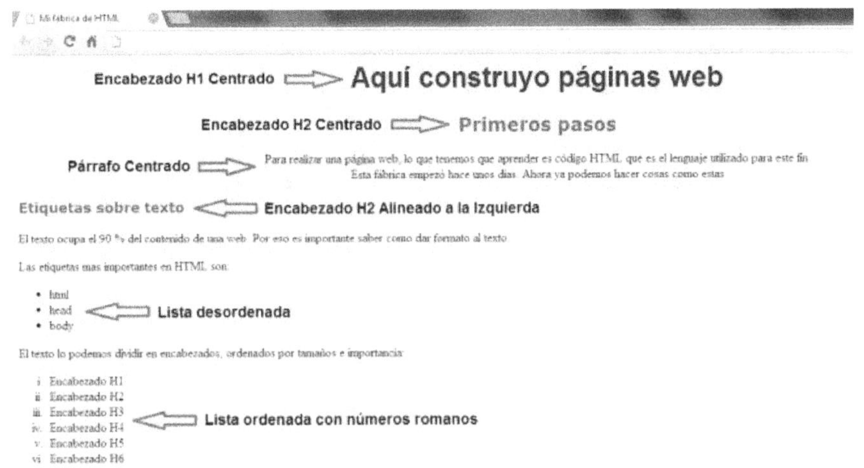

Código HTML

```
<html>

<head>

<title>Mi fábrica de HTML</title>

</head>

<body>

<p><center><font size="4" face="arial" color="blue"><h1>Aquí construyo páginas web</h1></font></center>

<p><center><font size="3" face="verdana" color="green"><h2>Primeros pasos</h2></font></center></p>
```

<p><center>Para realizar una página web, lo que tenemos que aprender es código HTML que es el lenguaje utilizado para este fin.
 Esta fábrica empezó hace unos días. Ahora ya podemos hacer cosas como estas</center></p>

<p><font size="4" face="verdana" color="green"><h2>Etiquetas sobre texto</h2></font></p>

<p>El texto ocupa el 90 % del contenido de una web. Por eso es importante saber cómo dar formato al texto.</p>

<p>Las etiquetas más importantes en HTML son:</p>

<ul type="disc">

<li>html

<li>head

<li>body

</ul>

<p>El texto lo podemos dividir en encabezados, ordenados por tamaños e importancia:</p>

<ol type="i">

<li>Encabezado H1

<li>Encabezado H2

<li>Encabezado H3

<li>Encabezado H4

<li>Encabezado H5

<li>Encabezado H6

</ol>

</body>

```
</html>
```

Como ves en el ejemplo que hemos realizado, hemos incorporado todas las propuestas del ejercicio. Estoy seguro que el diseño que has realizado tú es mucho más elegante que este, pero el resultado debe ser parecido.

Existen otras muchas etiquetas en HTML relacionadas con el texto y sus formatos, pero la intención de este libro es que sirva de introducción a este lenguaje de programación. Por lo tanto hemos hecho un repaso a las más importantes, dejando a tu iniciativa el profundizar más con posteridad.

Los enlaces

Una de las características que más ha influido en el espectacular éxito y avance de las webs, ha sido la posibilidad de unir fácilmente millones de páginas web repartidas por todo el mundo por medio de enlaces de hipertexto.

No podríamos hablar de navegar o navegación por internet sin los enlaces de hipertexto. Los enlaces de hipertexto son fácilmente reconocibles en una web, basta con pasar el ratón sobre ellos para que la imagen de este cambie por una mano, además el texto suele cambiar de formato y color.

Antes de seguir avanzando en la creación de enlaces, es importante tener claro el concepto de URL (del inglés Uniform Resource Locator). Las URL hacen referencia a un documento HTML o página web con un único y exclusivo nombre para hacer inequívoca su localización.

Si se accede a la página principal de Google, la dirección que muestra el navegador sería:

http://www.google.com

La cadena de texto http://www.google.com, es la URL de la página principal de Google. La URL de las páginas son imprescindibles para crear enlaces ya que permiten diferenciar unas páginas de otras.

Para definir enlaces de texto se utiliza la etiqueta <a> definida de la siguiente forma:

<a href="XXX">YYY</a>

Donde XXX es el destino (URL) del enlace. YYY es el texto identificativo del enlace (con un color especial y generalmente subrayado).

Podemos establecer distintos tipos de enlaces:

_ Enlaces a otras zonas de la misma página.

_ Enlaces a otra página nuestra.

_ Enlaces a otras páginas.

_ Enlaces a otras zonas de otras páginas.

Enlaces a otras zonas de la misma página

Seguramente cuando termines de leer el libro querrás realizar una página con mucho e interesante contenido. Es decir una página muy extensa, por lo que te puede interesar ofrecer la posibilidad de saltar de un lado a otro del documento con un solo clic. Este tipo de enlaces reciben el nombre de enlaces locales y constan de dos partes:

_ **El enlace:** corresponde a la zona en la cual el visitante hará clic para saltar a otro punto del documento. Esta zona aparece subrayada en el documento y la creamos delimitando la zona con el comendo <a href=#"nombre">......</a>, en que "nombre" es la etiqueta que se está referenciando.

_ **El nombre enlazado o referenciado:** Corresponde a la zona del documento donde el visitante llegará al hacer clic en el enlace correspondiente. El nombre local se crea delimitando la zona con el comando <a NAME="nombre">..... </a>, en que "nombre" es la etiqueta que asignamos a esta zona.

Vamos a ver un ejemplo práctico con un pequeño menú que nos desplazara a distintas partes de nuestro documento.

```html
<html>

<head>

<title>Enlaces locales</title>

</head>

<body>

<h2>Enlaces locales</h2>

<h3><a NAME="indice">Indice</a></h3>

<ul>

<li><a href="#uno">Sección 1</a>

<li><a href="#dos">Sección 2</a>

<li><a href="#tres">Sección 3</a>

</ul>

<h3><a NAME="uno">Sección 1</a></h3>

<p>Esta es la sección 1 de la página de enlaces locales</p>

<p>Clic aquí<a href="#indice">para volver al Indice</a>

<h3><a NAME="dos">Sección 2</a></h3>

<p>Esta es la sección 2 de la página de enlaces locales</p>

<p>Clic aquí<a href="#indice">para volver al Indice</a>

<h3><a NAME="uno">Sección 3</a></h3>

<p>Esta es la sección 3 de la página de enlaces locales</p>

<p>Clic aquí<a href="#indice">para volver al Indice</a>

</body>
```

</html>

Guarda el documento con el nombre enlaceslocales.html y ejecútalo. En tu navegador verás una imagen como la siguiente:

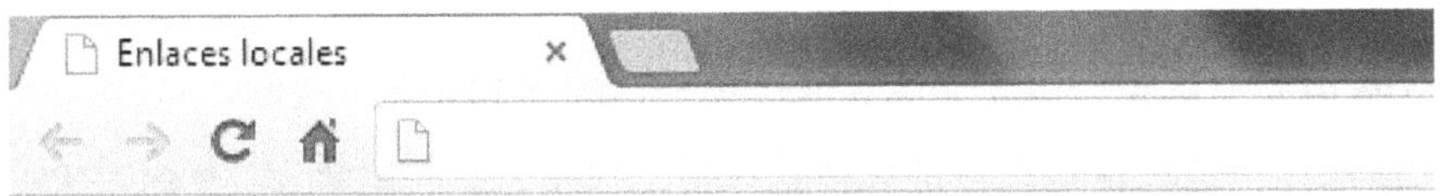

Enlaces locales

Indice

- Sección 1
- Sección 2
- Sección 3

Sección 1

Esta es la sección 1 de la página de enlaces locales

Click aquí para volver al Indice

Sección 2

Esta es la sección 2 de la página de enlaces locales

Click aquí para volver al Indice

Sección 3

Esta es la sección 3 de la página de enlaces locales

Click aquí para volver al Indice

Como ves en el ejemplo anterior, este tipo de enlaces resulta muy útil a la hora de confeccionar índices al principio de una página web extensa para facilitar la navegación por la misma.

Enlaces a otra página nuestra

Nuestra web no solo va a tener una página principal (normalmente llamada Index) muy extensa por la que podamos desplazarnos, sino que además tendrá otras páginas secundarias a las que tenemos que enlazar desde la principal.

Para crear este tipo de enlaces dentro de nuestra web usamos los enlaces de tipo relativo (esto es un tecnicismo) y no absoluto. ¿Qué quiere decir esto?, pues que la URL principal del enlace que queremos crear es la misma que la del origen, a diferencia de los enlaces a otras páginas como veremos después.

Para este tipo de enlaces creamos la siguiente etiqueta:

<a href="ubicación"> Página secundaria</a>

Donde "ubicación" indica la ruta del enlace que queremos construir. Normalmente las páginas web se estructuran con carpetas que nacen desde una raíz. Vamos a ver un ejemplo:

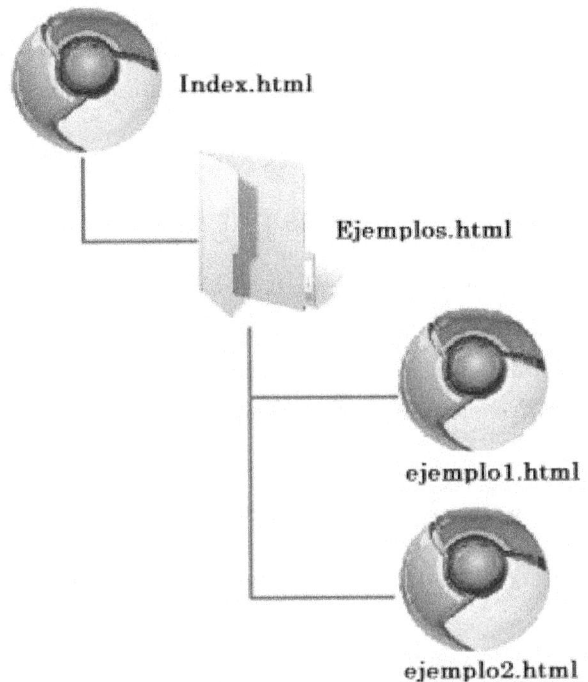

En este ejemplo tenemos una página principal llamada Index.html y una carpeta llamada Ejemplos que contiene dos páginas más: ejemplo1.html y ejemplo2.html. Pues bien imaginemos que queremos incluir un enlace en la página Index que nos lleve a la página ejemplo2.html. Para ello utilizaremos este enlace:

```
<a href="ejemplos/ejemplo2.html> Ir a ejemplo nº 2 </a>
```

Como ves hemos indicado el camino a seguir para llegar a ejemplo2.html.

Si en la página ejemplo2.html queremos incluir un enlace que apunte a la página ejemplo1.html, debemos indicar todo el camino igualmente pero indicando la raíz. Los que tenéis alguna idea de MS DOS lo veréis más claro.

```
<a href=".../ejemplos/ejemplo1.html> Ir a ejemplo nº1 </a>
```

En primer lugar hemos puesto los dos puntos para indicar que valla a la raíz, posteriormente hemos indicado el camino hasta llegar a ejemplo1.html.

Enlaces a otras páginas

La diferencia con los enlaces que hemos visto en el caso anterior, es que aquí los enlaces son absolutos (el otro tecnicismo que nos faltaba), es decir, tenemos que utilizar la URL completa de la página donde queremos enlazar. Por ejemplo para enlazar desde nuestra magnífica página a Google.

```
<a href="http://www.google.es"> Ir al buscador Google</a>
```

Aquí hemos usado la dirección (URL) completa de donde queremos enlazar.

Pero también queremos poner un enlace a la página que ha realizado nuestro amigo con la URL www.miamigo.com, en la que tiene una página secundaria con las fotos del verano. La estructura de su página es:

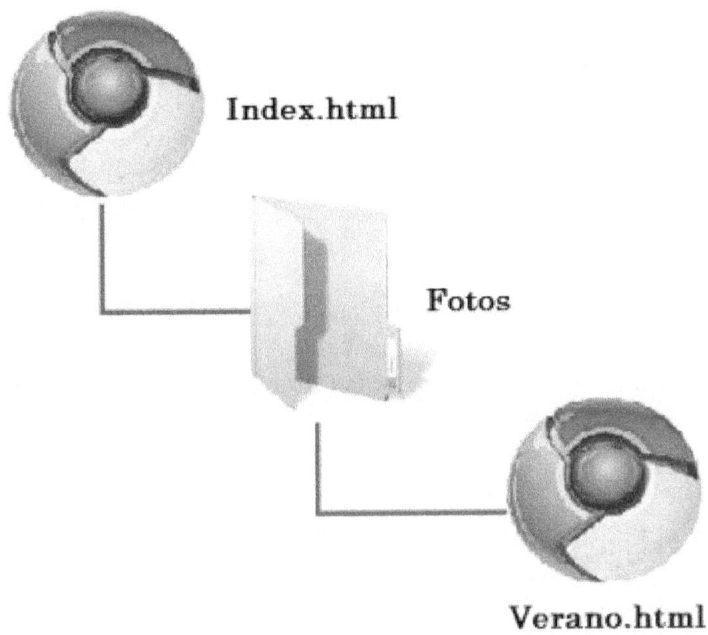

El enlace que queremos construir sería:

<a href=http://www.miamigo.com/fotos/verano.html> Ver las fotos del verano</a>

Los enlaces como hemos visto nos proporcionan una vía directa hacia un punto determinado, bien sea dentro de nuestra web o a una web distinta. Pero además de poder enlazar con otra página también lo podríamos hacer hacia por ejemplo, una imagen, un fichero...etc. Para ello solo tenemos que indicar el camino y el nombre del objeto con el que queremos enlazar.

Ejercicio práctico nº 2

Como propuesta para este repaso podría ser un diseño para una página principal con las siguientes características:

  _ Un menú con enlaces dentro de la misma página web.

  _ Enlaces a las páginas secundarias de nuestra web.

  _ Un enlace al ministerio de hacienda.

No quiero parecerte pesado, pero para evitar el trabajo tedioso de las correcciones en el archivo escrito con la Note Book, lo mejor es que realices el boceto en papel y lo repases bien antes de realizarlo en tú PC.

Solución al ejercicio práctico nº 2

Si no has tenido tiempo o no has podido escribir y probar tu propio código, puedes ver el resultado del ejercicio propuesto en la siguiente imagen.

Captura de pantalla

Puedes hacerte una idea del resultado del ejercicio práctico en la siguiente captura de pantalla en el navegador:

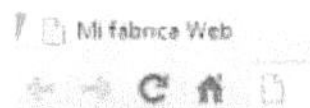

Página principal

Enlaces a las Secciones de esta Web

Indice

- Sección 1
- Sección 2

Enlaces a otras páginas de mi web

- Ejemplo nº 1
- Ejemplo nl 2

Enlaces a otras web's de interés

- Agencia Tributaria
- Google

Sección 1

Esta es la sección 1 de la página de enlaces locales

Click aquí para volver al Indice

Sección 2

Esta es la sección 2 de la página de enlaces locales

Click aquí para volver al Indice

Si has diseñado un ejemplo propio, una vez que lo ejecutes en tu navegador, deberías ver una página similar a la de la imagen anterior. El código HTML usado para crear el ejercicio práctico es el siguiente:

NOTA:- No te preocupes si los enlaces a otras zonas de tu web realizadas en este ejemplo no te funcionan correctamente. En realidad nuestro PC no es un servidor y deberíamos poner la ruta completa del lugar donde está guardado el fichero en tú PC.

Código HTML

```
<html>

<head>
```

<title>Mi fábrica Web</title>

</head>

<body>

<p><center><font size="4" face="arial" color="blue"><h1>Inicio</h1></font></center>

<p><font color="red"><h2>Enlaces a las Secciones de esta Web</h2></font></p>

<h3><a NAME="indice">Indice</a></h3>

<ul>

<li><a href="#uno">Sección 1</a>

<li><a href="#dos">Sección 2</a>

</ul>

<p><font color="red"><h2>Enlaces a otras páginas</h2></font></p>

<ul>

<li><a href="ejemplos/ejemplo1.html"> Ejemplo nº 1</a>

<li><a href="ejemplos/ejemplo2.html"> Ejemplo n1 2</a>

</ul>

<p><font color="red"><h2>Enlaces a otras webs de interés</h2></font></p>

<ul>

<li><a href="http://www.miweb.com/"> Enlace Imaginario</a>

<li><a href="http://www.tuweb.es"> Otro Imaginario, no existe</a>

</ul>

```
<h3><a NAME="uno">Sección 1</a></h3>

<p>Esta es la sección 1 de la página de enlaces locales</p>

<p>Clic aquí<a href="#indice"> para volver al Indice</a>

<h3><a NAME="dos">Sección 2</a></h3>

<p>Esta es la sección 2 de la página de enlaces locales</p>

<p>Clic aquí<a href="#indice"> para volver al Indice</a>

</body>

</html>
```

Las imágenes

Sin duda uno de los aspectos más vistosos y atractivos de las páginas web son las imágenes, y de hecho la mayoría de las páginas web actuales incorporar gran cantidad de imágenes. Las imágenes pueden ayudar a dar una mayor información sobre algún tema y darle un aire mucho más estético. Sin embargo, el uso abusivo de imágenes puede conducir al despiste del visitante y lo que es más importante, se puede traducir en un tiempo de carga excesivo, lo que sería nefasto para nuestra web.

Dentro de las imágenes que podemos incluir en una página HTML, podemos distinguir de dos tipos: las de contenido y las de adorno.

Las imágenes de contenido son las que proporcionan información y las que complementan el contenido de texto. Las imágenes de adorno son las que ayudan a mejorar el aspecto estético de la web en general, fondos de pantalla, iconos...etc.

Las imágenes son almacenadas en forma de archivo, principalmente GIF (para dibujos) y JPEG para fotografías.

La etiqueta que vamos a usar para insertar imágenes es <img> (del inglés image). Esta etiqueta no posee su cierre correspondiente y hemos de indicar exactamente el lugar donde está guardada con el atributo "src" (source).

La sintaxis de la etiqueta sería:

<img src="Ruta hacia la imagen">

Para indicar el camino hacia la imagen lo haremos de la misma forma que lo hacíamos con los enlaces, lo único que cambia es que, en lugar de una URL, es un archivo de imagen.

La etiqueta <img>, además del atributo "src" indispensable para la localización de las imágenes, nos proporciona otros atributos más o menos importantes.

NOTA.- Para realizar las pruebas con imágenes en tu PC, quizás necesites saber la sintaxis correcta para indicar la ruta. Es algo diferente a lo que estamos acostumbrados. Te indico una ruta ejemplo en la que solo tendrás que modificar los nombres de los directorios y poner los tuyos:

file:///C:/imagenes/ejmplos/imagen.jpg

Atributo alt

Dentro de las comillas de este atributo escribiremos una descripción muy breve de la imagen, sin caracteres especiales ni espacios. Este atributo no es indispensable, pero ofrece algunas ventajas.

En el proceso de carga de nuestra página, cuando la imagen no ha sido todavía cargada, el navegador muestra esa pequeña descripción, de manera que nos podemos hacer una idea de va en ese lugar.

Otra utilidad de esta etiqueta es la posibilidad de que los navegadores usados por personas invidentes, que no muestran imágenes, les ofrecemos la posibilidad de leerlas. De manera que no está de más pensar en esos colectivos.

Su sintaxis sería:

<img src="Ruta de imagen" alt="descripción">

Atributos height y width

Estos atributos nos definen el alto y el ancho de nuestra imagen indicada en pixeles. Como sabes todas las imágenes tienen unas dimensiones que podemos conocer haciendo Clic con el botón derecho y eligiendo del menú desplegable la pestaña "Propiedades".

El simple hecho de indicar en nuestro código las dimensiones de las imágenes, ayuda al navegador a confeccionar la página como nosotros queremos exactamente, incluso antes de que se carguen las imágenes dado que reserva el espacio para ellas.

```
<img src="imagen.jpg" height="200" width="150" alt="descripción"
```

Con estos atributos es fácil caer en la tentación de redimensionar imágenes para ajustarlas a nuestras necesidades. Sin embargo no es esa su utilidad puesto que puede provocar que imágenes que hemos redimensionado haciéndolas más pequeñas tengan un tamaño en Kb muy superior al necesario. Igualmente si redimensionamos una imagen haciéndola mas grande, podemos perder mucha calidad. Mi consejo es redimensionar las imágenes con el software apropiado y luego incluirlas en nuestra web.

Atributo border

Indica el tamaño en pixeles que rodea el marco de la imagen. De esta manera podemos recuadrar nuestra imagen si así lo deseamos.

```
<img src="imagen.jpg" alt="descripción" border="2">
```

Como ves hemos creado un marco alrededor de la imagen con un ancho de 2 pixel.

Alineación del texto con las imágenes

A la hora de colocar imágenes en nuestra web, es importante su alineación y posición con respecto al texto. Al igual que en el texto podíamos incluir el atributo "align", con las imágenes podemos realizarlo de manera similar. Sin embargo la filosofía difiere un poco.

El atributo "align" usado con el texto, nos alineaba este a la izquierda, en el centro o en la derecha de nuestra pantalla comportándose como un párrafo, sin embargo usado con la etiqueta <img> no nos realiza una alineación de la imagen, si no del texto alrededor de la imagen, permitiéndonos rodear la imagen con texto.

Hay varias posibilidades, pero de momento nos vamos a conformar con tres opciones básicas para colocar el titular con respecto a la imagen:

<img src="ruta" align="top"> Nos alinea el texto en la parte superior de la imagen.

<im src="ruta" align="middle"> Nos alinea el texto en el centro de la imagen.

<im src="ruta" align="bottom"> Nos alinea el texto en la parte inferior.

Veamos estos tres ejemplos en imágenes:

Este texto se alinea en la parte de arriba de la imagen.

Este texto se alinea en el centro de la imagen.

Este texto se alinea en la parte de abajo de la imagen.

Este atributo nos permite jugar con la alineación del texto para lograr el efecto deseado en nuestras imágenes y el texto asociado a ellas

Atributos vspace y hspace

Si te fijas en las figuras de arriba, el texto queda muy junto al marco de la imagen dando un efecto poco estético. Para corregir esto, HTML nos ofrece estos atributos que nos permiten dejar un espacio en pixel entre el marco y el texto.

```
<img src"ruta de imagen" vspace="4" hspace="4>
```

Este texto se alinea en el centro de la imagen.

En el ejemplo de la figura, hemos incorporado un espacio de 4 pixel entre el marco y el texto, dando un aspecto más estético.

Alineación de la imagen en la pantalla

Como vimos anteriormente cuando hablamos de alineación de texto, la etiqueta <img> aceptaba el atributo "align" que dependiendo del valor "top", "middle" o "bottom" nos colocaba el texto en esa posición.

Vamos a añadir una etiqueta nueva usada para la alineación de contenido. La etiqueta <div> se utiliza para definir una sección dentro de un documento. La usamos normalmente para agrupar un bloque de elementos y añadirles un estilo determinado.

La etiqueta <div> también admite el atributo "align" al igual que vimos cuando queríamos alinear un párrafo de texto.

Pues bien para alinear la imagen en sí, tenemos dos opciones:

_ Tomar la imagen como un objeto y usar la etiqueta <div align="XXX">

_ Usar la etiqueta <img align="right" o "left">

Vamos a aclarar estas dos opciones y los efectos producidos en la alineación de la imagen.

En el primero de los casos, tomaremos la imagen como un objeto y la alinearemos de manera individual. Es decir, igual que lo hacíamos con un párrafo de texto. Si quisiéramos colocar nuestra imagen en el centro:

<div align="center"><img src="ruta img" alt="mimagen">

Como ves hemos colocado la etiqueta <div> justo antes de la imagen, con lo que le estamos indicando al navegador donde queremos alinear la imagen que le indicamos a continuación.

Si tomamos la segunda opción, es decir, incluir el atributo "align" con los argumentos "left" o "right" (no "center") como atributo de la etiqueta <img> nos coloca la imagen en esa posición, pero además nos coloca el texto en la parte contraria de la imagen.

Vamos a probar un ejemplo práctico para ver el efecto que produce en nuestra pantalla tanto la imagen como el texto.

<img src="ruta" align="right"> Pongo este texto para que compruebes donde sale.

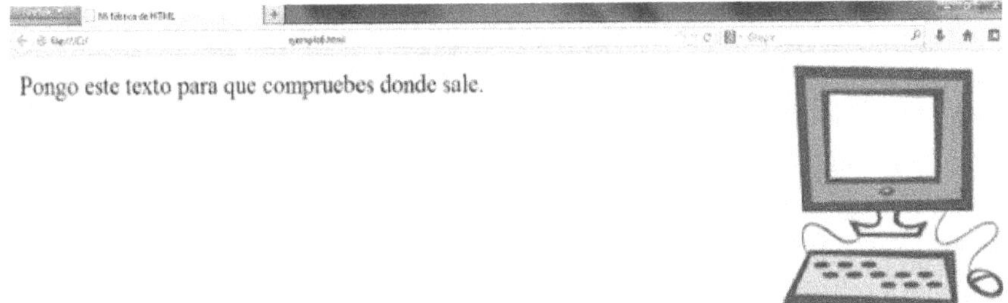

Si usamos la misma orden que anteriormente, cambiando simplemente el valor de la alineación de la imagen veremos qué efecto nos produce:

<img src="ruta" align="left"> Pongo este texto para que compruebes donde sale.

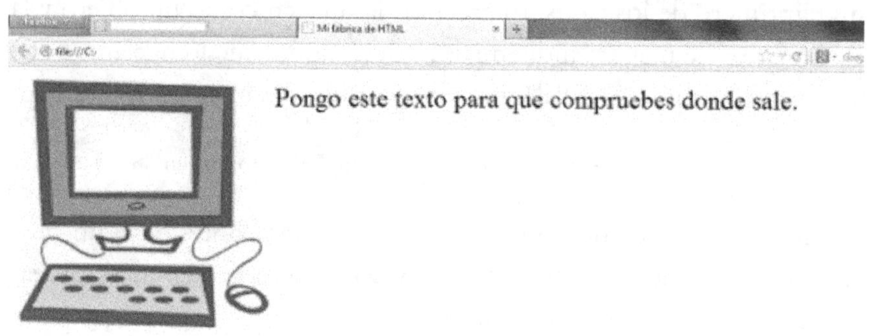

Como ves son muchas las posibilidades que tenemos para alinear imágenes y el texto y conseguir el efecto deseado dentro de nuestra página web. Podemos usar cualquiera de las etiquetas con sus atributos correspondientes de manera individual o conjunta.

Lo ideal es que cojas tu Note Book, una imagen y hagas prácticas con la imagen y texto para ver el efecto que producen las diversas formas de alinear las imágenes.

Uso de imágenes como enlaces

Una posibilidad muy interesante de las imágenes en una web, es la utilización de imágenes como enlaces a otros sitios o dentro de nuestra propia web.

La etiqueta usada es igual que la usada para enlaces con texto. Lo único que tenemos que hacer es incluirla en la etiqueta <a href>.

<a href="XXX"><img src="imagen.jpg"></a>

Donde XXX es la dirección URL a la que queremos enlazar, por ejemplo miweb.html.

Pulsando sobre la imagen comprobamos que efectivamente nos enlaza con el sitio deseado. Otra característica particular de las imágenes usadas como enlaces, es el cuadro del color normal de los enlaces que rodea a la imagen. Para evitar que nos aparezca ese cuadro, podemos usar el atributo "border".

```
<a href="miweb.html"><img src="imagen.jpg" border="0"></a>
```

Si pasamos el ratón por encima de la imagen comprobamos que efectivamente ha desaparecido. Esto puede ser una ventaja estética, pero sin embargo corremos el riesgo que el visitante no sepa que esa imagen es un enlace.

Ejercicio práctico nº 3

En este repaso os propongo realizar una web en la que incluyamos imágenes alineadas de distintas formas y alguna imagen que contenga un enlace a alguna web externa:

_ Imagen centrada debajo del Título

_ Imagen alineada a la izquierda con texto explicativo a su derecha.

_ Imagen alineada a la derecha que contenga un enlace y texto a su izquierda indicando el enlace.

Una vez que hayas hecho tu propio código y probado en tu navegador, puedes comprobar la página que aquí hemos resuelto. Naturalmente no tiene por qué ser igual el ejemplo propuesto con lo que tú has confeccionado pero lo importante es que practiques con tú propio código.

Solución al ejercicio práctico nº 3

Captura de pantalla

Puedes ver el ejemplo anterior en la siguiente captura:

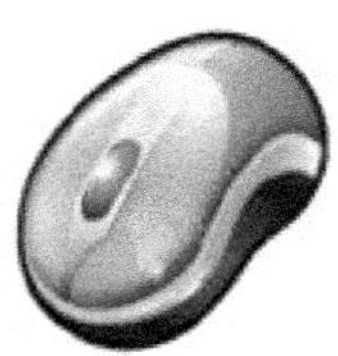

Página principal

Pruebas con Imágenes

Solo necesitas un teclado para programas HTML

Pincha en el ratón para volver al Ejemplo 1

Si has realizado tu propio código verás al similar a la figura de arriba.

HTML PARA NOVATOS

Código HTML

```html
<html>

<head>

<title>HTML para novatos</title>

</head>

<body>

<p><center><font size="4" face="arial" color="blue"><h1>Página
principal></h1></font></center></p>

<p><center><font color="red"><h2>Pruebas con
imágenes</h2></font></center></p>

<div align="center">

<img src="file///c:/...../imagen.jpg" border="1" alt="pc">

<div align="left">

<img src="file///c:/...../imagen.jpg" border="1" alt="pc vspace="10"
width="150" hight="150" align="middle" alt="teclado">Solo necesitas
un teclado para programar en HTML

<a href="tuweb.com"><img src=" file///c:/...../imagen.jpg" align="right"
vspace="10" width="150" height="150" alt="mouse"></a>

<p align="right">Pincha en el ratón para ver tu primera web</p>

</body>

</html>
```

Fondos y colores

Vamos a empezar a dar un toque personal a nuestra página web añadiendo nuevos atributos. Podemos definir atributos como el color del fondo, el color del texto de los enlaces e incluso añadir una imagen como fondo de nuestra web.

Los atributos que nos van a definir el color de los fondos o los colores de texto o enlaces, van incluidas dentro de la etiqueta <body> y por lo tanto afectan al total de nuestra página web.

Para cambiar los fondos de nuestra página web, lo podemos hacer de dos maneras:

_ Con un color uniforme.

_ Con una imagen.

Fondos con un color uniforme.

Para conseguir cambiar el color del fondo tenemos que incluir el comando "bgcolor" a la etiqueta <body> (situada al principio del documento), de la siguiente manera:

<body bgcolor="#RRGGBB">

RR es el número hexadecimal que indica la cantidad de rojo

GG es el número hexadecimal que indica la cantidad de verde

BB es el número hexadecimal que indica la cantidad de azul

Aunque ya tratamos el tema de colores en otro capítulo anterior, vamos a aprovechar esta nueva ocasión para aprender y practicar mas sobre cómo conseguir colores.

El valor de los colores oscila entre 00 como valor mínimo y FF como valor máximo. Para conseguir el color rojo sería #FF0000 porque el componente rojo tiene el valor máximo y los otros dos tienen 00. Así para conseguir los colores primarios:

#FF0000 Rojo

#00FF00 Verde

#0000FF Azul

Otros colores son:

#FFFFFF Blanco

#000000 Negro

#FFFF00 Amarillo

Para hacer un color más oscuro, hay que reducir su componente. Por ejemplo, para hacer el rojo más oscuro bajaríamos su valor #AA0000, para hacerlo más oscuro aún #550000.

Para conseguir colores con tonos más pastel tenemos que variar los otros dos componentes haciéndolos más claros (número mayor) en una cantidad igual. Para convertir el rojo en rosa, aumentamos el valor del verde y azul, así #FF7070.

```
<body bgcolor="#FF7070">
```

Para conseguir un verde pastel para el fondo de nuestra página web:

```
<body bgcolor="#70FF70">
```

Un azul pastel:

```
<body bgcolor="#7070FF">
```

Como ves es muy flexible la elección del color que queramos aplicar al fondo de nuestra página web. Puedes practicar con distintas combinaciones hasta conseguir el color deseado, pero mi consejo es que consultes una de las miles de webs dedicadas a los colores en las que puedes encontrar el color que buscas con su correspondiente código hexadecimal.

Fondos con una imagen

Si lo que deseamos es que el fondo de nuestra web sea una imagen, podemos conseguirlo añadiendo el parámetro "background" a la etiqueta <body>.

```
<body background="imagen.jpg">
```

La imagen que vamos a utilizar suele ser por lo general más pequeña que el área de nuestra web, por lo que el navegador nos repite la imagen empezando por la esquina superior izquierda y terminando por la esquina inferior derecha, de manera análoga al tapiz de Windows.

Debido a esa forma de rellenar la pantalla debemos elegir una imagen que sea fácil de concatenar y no veamos el corte entre enlaces por toda la pantalla.

A la hora de elegir la imagen también debemos tener en cuenta el color, puesto que el texto irá sobrepuesto y debe ser legible sobre la imagen, por lo que debemos evitar colores excesivamente fuertes.

Otro factor a tener en cuenta es el hecho de que algunos usuarios tienen deshabilitados en sus navegadores la carga automáticas de imágenes por lo que tampoco nos cargaría nuestra imagen de fondo, mostrando el color gris estándar. Eso sería catastrófico para nuestro maravilloso diseño.

Para salvar esta contingencia podemos añadir el parámetro "bgcolor" que ya conocemos a la etiqueta "body".

```
<body background="imagen.jpg" bgcolor="#CCFFFF">
```

Añadiendo este parámetro conseguimos dos ventajas. Por una parte salvamos la posible contingencia de la que hablamos puesto que si no carga nuestra imagen nos mostrará el color de fondo elegido por nosotros, conservando el contraste con nuestro texto. Y por otra parte, aunque no está deshabilitada la carga automática de imágenes, lo primero que se verá al cargar la página será el color de fondo elegido por nosotros.

Tablas

Una tabla es un conjunto de filas colocadas una sobre otra. Cada fila a su vez está compuesta por celdas una al lado de la otra. En un principio nos podría parecer que el uso de las tablas está más enfocado a realizar listar datos de forma ordenada como agendas, resultados ... Nada más lejos de la realidad.

Hoy en día la gran mayoría de las páginas web basan su maquetación en tablas. Una tabla nos permite organizar los espacios de manera más óptima. Las tablas nos ayudan a colocar nuestro texto en columnas al estilo periodístico, prefijar el tamaño de cada sección de nuestra web y ubicarlo con mayor precisión.

Cuando nos encontramos por primera vez con el uso de tablas nos parecerán algo complejas, pero si queremos conseguir una página web de calidad, nos tendremos que enfrentar con ellas tarde o temprano porque es una herramienta imprescindible.

Para empezar a trabajar con ellas nada mejor que por el principio: las tablas son definidas por las etiquetas <table> y la de cierre </table>.

Dentro de estas dos etiquetas colocaremos todas las etiquetas, texto e imágenes que darán forma y contenido a nuestra tabla.

Como hemos visto al principio la tabla está compuesta por líneas. Cada una de estas líneas están definidas por la etiquetas <tr> y su correspondiente cierre </tr>.

Igualmente dentro de cada línea, colocaremos nuestras celdas marcadas con <td> y su cierre </td>. Dentro de estas etiquetas es donde colocaremos nuestro contenido.

Un ejemplo muy gráfico de tabla que nos ayudará a entenderlas es el siguiente:

```
<table>

<tr><td>Celda          A1</td><td>Celda          A2</td><td>Celda
A3</td></tr>

<tr><td>Celda B1</td><td>Celda B2</td><td>Celda B3</td></tr>

<tr><td>Celda          C1</td><td>Celda          C2</td><td>Celda
C3</td></tr>

</table>
```

Con este ejemplo tendríamos definida nuestra tabla compuesta por tres líneas y cada línea por tres celdas.

En cada celda es donde colocaríamos nuestro contenido. En principio podríamos dar formato al texto o imágenes de nuestras celdas con los atributos que ya conocemos, sin embargo disponemos de una batería de atributos que nos van a permitir dar el aspecto que queramos.

Título de la tabla

En ocasiones puede ser útil poner un titulo en nuestra tabla que nos ofrezca una idea de su contenido y las aclare. Aunque ese título lo podríamos poner con simple texto formateado antes de la tabla, HTML nos ofrece la etiqueta <caption> </caption> para poner nuestro título.

```
<table>

<caption> Nombre de la tabla </caption>

..........

</table>
```

Usando esta etiqueta tenemos la ventaja de que nos coloca el título justo en el centro de la anchura de la tabla.

Bordes de la tabla

Para colocar bordes a nuestra tabla usaremos el atributo <border> dentro de la etiqueta <table>. La sintaxis es:

```
<table border="anchura en pixeles">

</table>
```

El atributo <border> coloca los bordes tanto exteriores como interiores aunque la anchura solo afecta a los bordes exteriores. Si queremos que los bordes sean de un tamaño igual debemos especificar borde="1". Para conseguir un efecto de sombra debemos especificar un valor superior a "1". Decir que este efecto no se representa igual en todos los navegadores.

Tamaño de la tabla

El tamaño de una tabla por defecto viene dado por el tamaño del texto o imágenes que contiene. Sin embargo es posible que en alguna ocasión nos interese cambiar la anchura de nuestra tabla.

Para ello podemos utilizar al atributo "Width" y "Hight" dentro de la etiqueta <table>. Su sintaxis es:

```
<table width="anchura" height="altura">

</table>
```

La anchura viene dada por el número de pixeles que queremos que tenga de anchura absoluta de nuestra tabla. No obstante, si el texto que introducimos ocupa un ancho mayor del establecido, la tabla tomará la anchura mínima para que el texto de las celdas quepa de manera íntegra.

Espacio dentro de las celdas

Como ves cada vez vamos dando un aspecto más estético a nuestra tabla, pero como nosotros somos unos perfeccionistas, quizás queramos retocar aún más nuestra tabla estableciendo espacios entre celdas o espacios entre el texto y el borde de cada celda.

Esto podemos hacerlo mediante los dos modificadores:

_ CELLPADDING: establece la distancia mínima en pixeles entre los bordes de cada celda y el texto que va incluido dentro de ella. Su valor por defecto es 1.

_ CELLSPACING: establece la anchura en pixeles de la distancia entre cada celda.

A simple vista quizás nos resulte un poco difícil de entender cómo afectan estos atributos a nuestra tabla, de manera que vamos a ver unos ejemplos prácticos para ver el resultado de su uso gráficamente:

En primer lugar vamos a ver una tabla en la que solo especificaremos la anchura y la altura de la misma:

```
<html>

<head>

<title>Mi fábrica de HTML</title>

</head>

<body>

<p>Tablas en HTML</p>
```

```
<table border="5" width="400" height="200">

<tr><td>Celda          A1</td><td>Celda          A2</td><td>Celda
A3</td></tr>

<tr><td>Celda B1</td><td>Celda B2</td><td>Celda B3</td></tr>

<tr><td>Celda          C1</td><td>Celda          C2</td><td>Celda
C3</td></tr>

</table>

</body>

</html>
```

El resultado que veremos en nuestro navegador:

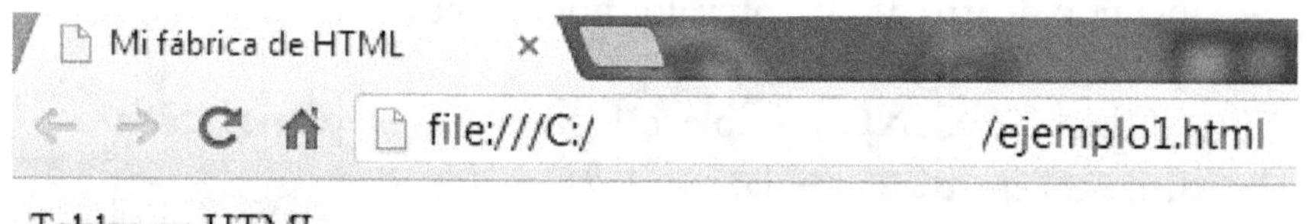

Tablas en HTML

Celda A1	Celda A2	Celda A3
Celda B1	Celda B2	Celda B3
Celda C1	Celda C2	Celda C3

Ahora vamos a definir con "cellpadding" el espacio que queda entre cada borde de celda y el texto contenido en ella:

```
<html>

<head>

<title>Mi fábrica de HTML</title>
```

</head>

<body>

<p>Tablas en HTML</p>

<table border="5" width="400" height="200" cellpadding="25">

<tr><td>Celda A1</td><td>Celda A2</td><td>Celda A3</td></tr>

<tr><td>Celda B1</td><td>Celda B2</td><td>Celda B3</td></tr>

<tr><td>Celda C1</td><td>Celda C2</td><td>Celda C3</td></tr>

</table>

</body>

</html>

Ahora nos fijamos en la diferencia con la imagen anterior. Vemos que la distancia entre el borde de cada celda y su contenido ha aumentado a 25 pixel.

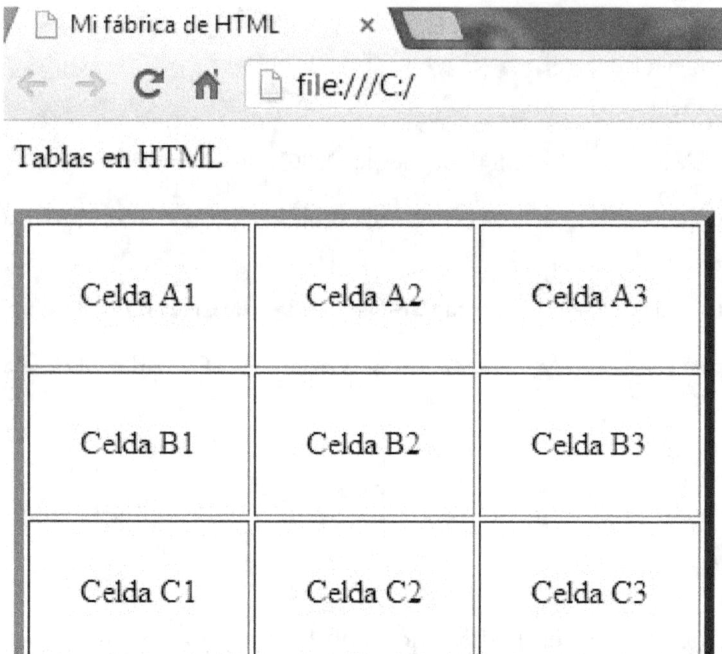

Ahora vamos a establecer la anchura entre el borde de cada celda con el uso de "cellspacing":

```
<html>

<head>

<title>Mi fábrica de HTML</title>

</head>

<body>

<p>Tablas en HTML</p>

<table border="5" cellpadding="25" cellspacing="10">
```

```
<tr><td>Celda A1</td><td>Celda A2</td><td>Celda A3</td></tr>

<tr><td>Celda B1</td><td>Celda B2</td><td>Celda B3</td></tr>

<tr><td>Celda C1</td><td>Celda C2</td><td>Celda C3</td></tr>

</table>

</body>

</html>
```

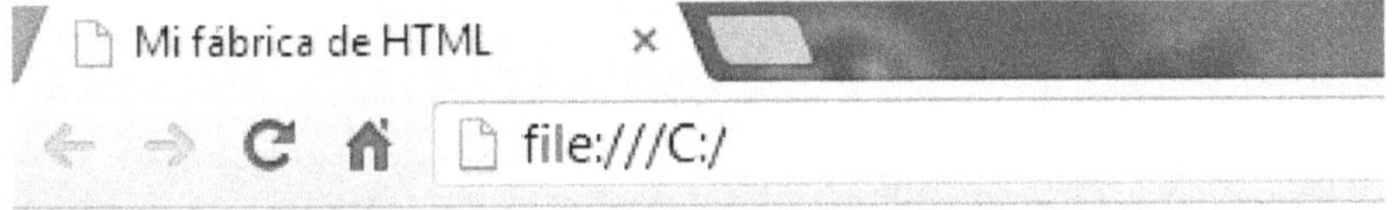

Tablas en HTML

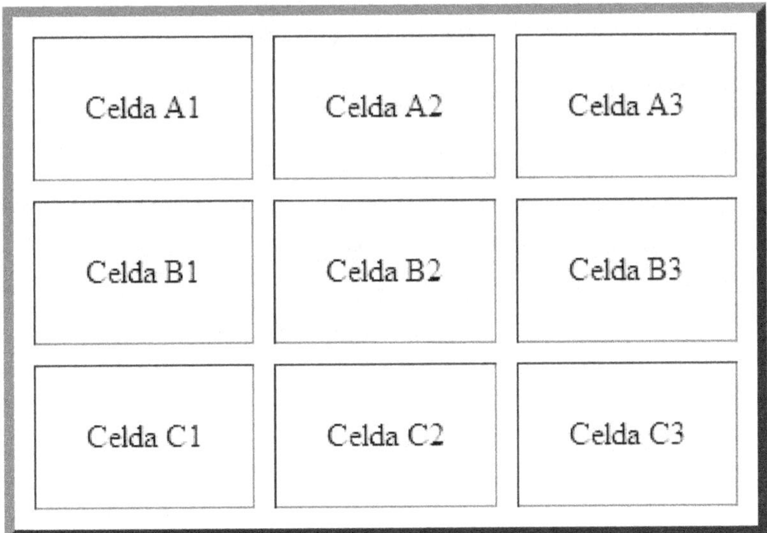

Como puedes comprobar el espacio existente entre celdas ha aumentado a 10 pixeles.

Justificación del contenido de una celda

En todos los ejemplos que hemos visto, el contenido de las celdas está justificado por defecto en el centro de la misma. Naturalmente somos exigentes y en alguna ocasión nos gustaría justificar el contenido de la celda de otra forma, como por ejemplo en la izquierda.

HTML también nos ofrece la posibilidad de alinear el contenido de la celda tanto verticalmente como horizontalmente con los atributos "align" y "valign" colocados dentro de la etiqueta <td>.

<tr><td align="horizontal" valign="vertical" Celda A1></td></tr>

Donde:

_ Horizontal puede tomar los valores CENTER, LEFT y RIGHT.

_ Vertical puede tomar TOP, MIDDEL, BOTTOM y BASELINE.

Si lo que queremos es que una alineación determinada afecte a todas las celdas de una fila, podemos hacerlo añadiendo los atributos "align" y "valign" dentro de la etiqueta <tr> y no en la etiqueta <td>.

Color de cada celda

Podemos especificar el color de una celda usando el modificador "bgcolor" en la etiqueta <td> al igual que lo usábamos para modificar el color de fondo de toda la página. El formato admitido es el hexadecimal.

Celdas Irregulares

En nuestro empeño de perfeccionar nuestra tabla se nos ocurre que una de nuestras celdas ocupe el tamaño de varias filas o columnas. La forma de hacerlo es usando los modificadores "colspan" y "rowspan" dentro de la etiqueta <td>.

_ COLSPAN: especifica la altura de una celda determinada en función de las celdas adyacentes. Se especifica en número de celdas adyacentes.

_ ROWSPAN: especifica la anchura de una celda en función del número de celdas que están debajo. Se especifica en número de celdas de abajo.

```
<td colspan="2"><celda A1></td>

<td rowspan=2"><celdaA1></td>
```

Lo mejor, como casi siempre, es ver un ejemplo gráfico para ver el resultado. Vamos aprobar sólo un ejemplo con "colspan" aunque el funcionamiento de "rowspan" es el mismo.

```
<html>

<head>

<title>Mi fábrica de HTML</title>

</head>

<body>

<p>Tablas en HTML</p>

<table border="5" cellpadding="25" cellspacing="10">

<tr><td colspan="2">Celda A1</td><td>Celda A2</td></tr>

<tr><td>Celda B1</td><td>Celda B2</td><td>Celda B3</td></tr>
```

```
<tr><td>Celda        C1</td><td>Celda        C2</td><td>Celda
C3</td></tr>

</table>

</body>

</html>
```

Como puedes observar en la primera fila hemos anulado una celda, la A3, para que nuestra tabla sea cuadrada.

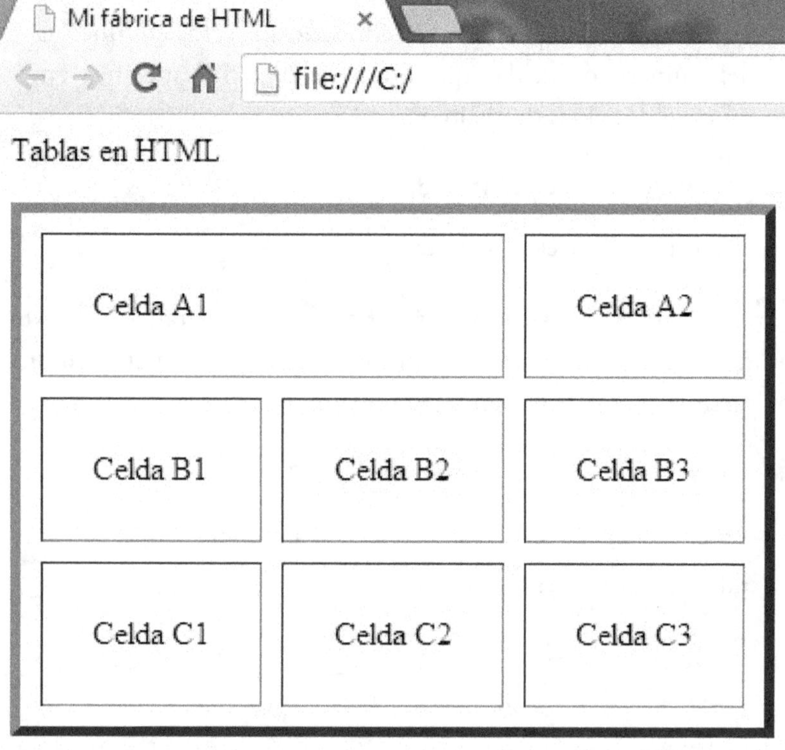

Tablas anidadas

Al igual que usábamos listas anidadas dentro de otras listas, nos puede resultar muy útil el hecho de poder anidar tablas dentro de otras tablas. Así que podemos incluir otra tabla dentro de una celda de la primera tabla. No te asustes.

En esta ocasión vamos a ver primero el ejemplo gráfico y luego el código para entender mejor como funciona.

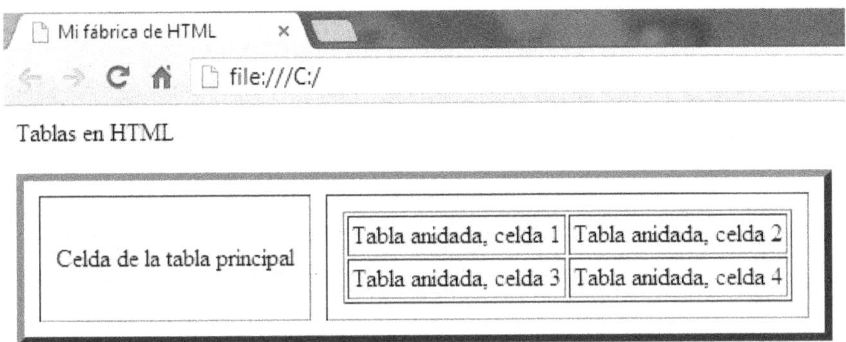

El código usado para conseguir la tabla anterior es el siguiente:

```
<html>

<head>

<title>Mi fábrica de HTML</title>

</head>

<body>

<p>Tablas en HTML</p>

<table border="5" cellpadding="10" cellspacing="10">

<tr>
```

```
<td align="center">Celda de la tabla principal

</td>

<td align="center">

<table cellspacing="2" cellpadding="2" border="1">

<tr>

<td>Tabla anidada, celda 1</td>

<td>Tabla anidada, celda 2</td> </tr> <tr> <td>Tabla anidada, celda
3</td> <td>Tabla anidada, celda 4</td>

</tr>

</table>

</td>

</tr>

</table>

</body>

</html>
```

Ejercicio práctico nº 4

En esta ocasión te propongo el ejemplo de una tabla que verás en la imagen que verás a continuación en la que hemos usamos todo lo aprendido sobre tablas para que realices tu propio código y obtengas una tabla similar.

No te preocupes porque podrás comprobar el código de dicha tabla en la solución al ejercicio para que te sirva como orientación.

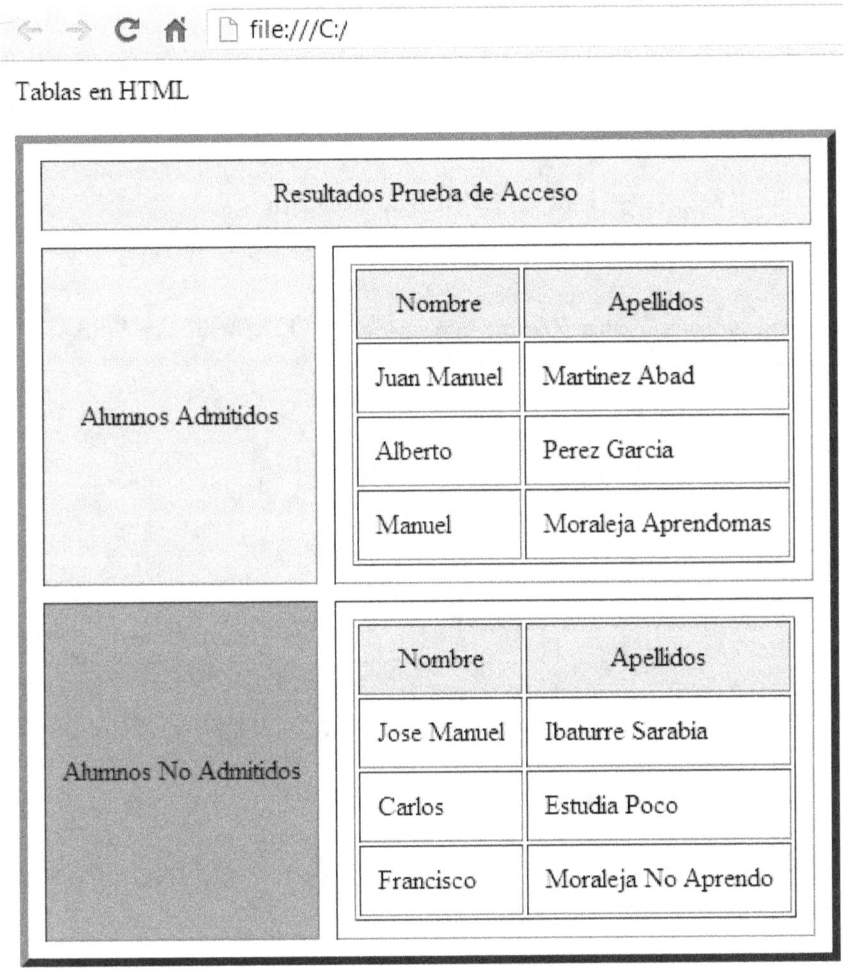

Tablas en HTML

Resultados Prueba de Acceso

Alumnos Admitidos

Nombre	Apellidos
Juan Manuel	Martinez Abad
Alberto	Perez Garcia
Manuel	Moraleja Aprendomas

Alumnos No Admitidos

Nombre	Apellidos
Jose Manuel	Ibaturre Sarabia
Carlos	Estudia Poco
Francisco	Moraleja No Aprendo

Solución al ejercicio práctico nº 4

Código HTML

```
<html>

<head>

<title>Mi fábrica de HTML</title>
```

```
</head>

<body>

<p>Tablas en HTML</p>

<table border="5" cellpadding="10" cellspacing="10">

<tr>

<td colspan="2" align="center" bgcolor="#AFEEEE">Resultados Prueba
de Acceso</td>

<tr>

<td align="center" bgcolor="#98FB98">Alumnos Admitidos</td>

<td align="center">

<table cellspacing="2" cellpadding="10" border="1">

<tr>

<td align="center" bgcolor="#DCDCDC">Nombre</td>

<td align="center" bgcolor="#DCDCDC">Apellidos</td>

</tr>

<tr>

<td align="left">Juan Manuel</td>

<td align="left">Martinez Abad</td>

</tr>

<tr>

<td align="left">Alberto</td>

<td align="left">Perez Garcia</td>

<tr>
```

```html
<td align="left">Manuel</td>

<td align="left">Moraleja Aprendomas</td>

</tr>

</table>

</td>

</tr>

<tr>

<td align="center" bgcolor="#FF69B4">Alumnos No Admitidos</td>

<td align="center">

<table cellspacing="2" cellpadding="10" border="1">

<tr>

<td align="center" bgcolor="#DCDCDC">Nombre</td>

<td align="center" bgcolor="#DCDCDC">Apellidos</td>

</tr>

<tr>

<td align="left">Jose Manuel</td>

<td align="left">Ibaturre Sarabia</td>

</tr>

<tr>

<td align="left">Carlos</td>

<td align="left">Estudia Poco</td>

</tr>
```

```
<tr>

<td align="left">Francisco</td>

<td align="left">Moraleja No Aprendo</td>

</tr>

</table>

</td>

</tr>

</table>

</body>

</html>
```

Frames

Poco a poco hemos ido avanzando sin darnos cuenta de los conocimientos que hemos adquirido en HTML. Se podría decir que hasta este punto podemos crear una página web muy completa para cumplir unos requisitos básicos. Pero aún nos queda un poco camino que recorrer para conseguir crear una página web "casi profesional" con las herramientas que vamos a repasar desde este punto, como es el uso de Frames, Mapas de Imagen, Formularios... etc.

Frames (en Inglés marcos o cuadros) es un procedimiento del HTML que nos permite dividir la pantalla en diferentes zonas, o ventanas, que pueden actuar independientemente unas de otras como si se tratara de diferentes páginas web.

Una de las características más importantes de los Frames y por lo que su uso es muy frecuente, es que pulsando en un enlace de un Frame se puede cargar una página determinada en otro de los Frames. Un uso muy frecuente es colocar un Frame lateral (o superior) en el que colocamos unos enlaces a modo de índice y que al pinchar sobre cualquiera de ellos se carga una página determinada en el otro Frame. De esta forma se facilita la navegación a través de nuestra web.

Para conseguir entender mejor el funcionamiento de los Frames vamos a desarrollar un ejemplo, creando una página con dos Frames. El de la izquierda servirá de índice de lo que veremos en el de la derecha.

Definición de los Frames

En primer lugar, lo que tenemos que hacer es crear un documento HTML en el que vamos a especificar cuantas zonas vamos a tener, tamaño de cada una de ellas y cuál va a ser su contenido.

Como hemos dicho antes, vamos a crear una página con dos Frames distribuidos en columnas, es decir uno colocado al lado del otro. Otra distribución podría ser uno encima de otro, en filas.

Para definir el tamaño de cada uno de ellos vamos a determinar que el de la izquierda ocupe un 20 % del total de la pantalla y el de la derecha el 80 % restante.

Pretendemos que el contenido de la izquierda sea un documento HTML con enlaces a otras páginas que veremos en la parte de la derecha. A este documento lo llamaremos índice.html. El de la derecha será otro documento HTML que mostrará las páginas enlazadas desde el índice, a este documento lo llamaremos presentación.html.

Vamos a entenderlo mejor viendo el documento HTML que define los Frames:

```
<html>

<head>

<title>Mi fábrica de Frames</title>

</head>

<frameset cols="20%,80%">

<frame src="indice.html">

<frame src="presentacion.html" name="principal">

</frameset>

</html>
```

Vamos a observar el documento que hemos creado:

Lo primero que vemos es que se trata de un documento similar a los que hemos venido realizando con la diferencia que en lugar de la etiqueta <body> que generalmente contiene lo que vamos a ver en la pantalla, hemos usado la etiqueta <frameset> para definir los frames que vamos a usar. En nuestro caso hemos usado:

<frameset cols="20%,80%">

En el que hemos definido que vamos a usar dos frames en columnas y que la primera utilizará el 20 % de la pantalla y la segunda el 80 %. Si hubiésemos querido usar filas tendríamos que utilizar el modificador "row" (del inglés filas) en lugar de "cols".

Ya hemos definido el número de frames, su tamaño y distribución. Ahora nos quedaría por definir su contenido. Ello lo hacemos con las etiquetas:

<frame src="índice.html">

<frame src="presentación.html" name="principal">

Con estas dos etiquetas hemos definido los dos frames del contenido, el primer contenido HTML (izquierda) llamado índice y el segundo contenido HTML (derecha) llamado presentación. Imagino que ya has observado que el segundo frame lleva un modificador llamado "name" que el primero no lleva. La explicación es sencilla: en el primer frame queremos incluir unos enlaces a modo de índice que apuntarán a otros frames, por lo tanto necesitamos darle un nombre para identificarlos. En nuestro ejemplo sólo tenemos uno pero podríamos tener cuatro. El primer frame no necesita nombre puesto que no vamos a tener ningún enlace que apunte hacia él.

Ahora ya hemos terminado de definir los frames, pero aún nos queda confeccionar el documento HTML de cada uno de los frames. Recuerda que son dos documentos HTML independientes.

Documento HTML de la Izquierda

Se nos ha ocurrido que nuestro índice tenga un color de fondo azul claro, y vamos a incluir dos enlaces al segundo frame, el de la derecha.

```html
<html>

<head>

<title>Indice</title>

</head>

<body bgcolor="#CEE3F6">

<p><a href="presentacion.html" target="principal">Presentacion</a>

<p><a href="presentacion_2.html" target="principal">Esto es otra página</a>

</body>

</html>
```

Observamos un atributo nuevo para nosotros "target" (objetivo en inglés) que sirve para que al ser pinchado el enlace no se cargue en el mismo frame si no en el que estamos indicando. En nuestro caso al llamado "principal" que habíamos establecido en el documento de definición de frames y por tanto es ahí donde se cargarán los documentos HTML.

Guarda el documento con el nombre de índice.html

Documento HTML de la derecha

Le podemos poner un color azul oscuro y va a contener un texto sencillo en color blanco para simplificar el ejemplo.

```html
<html>

<head>
```

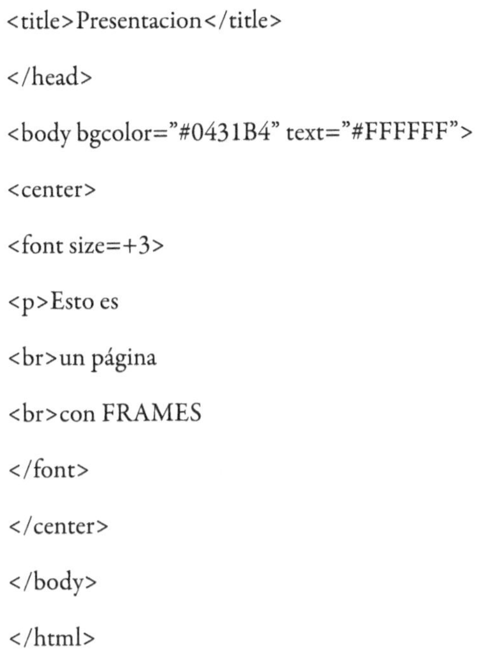

```
<title>Presentacion</title>

</head>

<body bgcolor="#0431B4" text="#FFFFFF">

<center>

<font size=+3>

<p>Esto es

<br>un página

<br>con FRAMES

</font>

</center>

</body>

</html>
```

Ahora guardamos el documento con el nombre de presentación.html

Alternativa para los navegadores que no soportan Frames

Con lo que hemos realizado hasta el momento ya tenemos las tres partes necesarias para crear una página con frames:

_ Documento de definición de frames.

_ Documento de contenido del primer frame.

_ Documento de contenido del segundo frame.

Pero ¿qué ocurre si un usuario abre nuestra página web y su navegador no soporta frames?, para este caso tenemos que utilizar algún aviso. Para activar este aviso están las etiquetas <Noframes> y </Noframes>. Se añaden al final del documento que hemos creado y se añade entre las dos etiquetas lo que queramos que vea nuestro visitante que no puede ver frames. Incluso podría ser otro documento HTML completo.

En nuestro caso podríamos añadir un simple enlace que redirigiera al visitante a una página sin frames.

```
<noframes>

Tu navegador no soporta frames. <p> Pulsa para visitar mi <a href="presentación.html"> página sin frames </a>

</noframes>
```

Ahora podemos añadir estas líneas al documento que definía los frames quedando así:

```
<html>

<head>

<title>Mi fábrica de Frames</title>

</head>

<frameset cols="20%,80%">

<frame src="indice.html">

<frame src="presentacion.html" name="principal">

</frameset>

<noframes>

Tu navegador no soporta frames. <p> Pulsa para visitar mi <a href="presentación.html"> página sin frames </a>

</noframes>

</html>
```

Ahora ya tenemos completo nuestro documento y podemos guardarlo con el nombre que más nos identifique el archivo, como web-frames.html.

Atributos de la etiqueta <frameset>

Hemos realizado un ejemplo para entender mejor el funcionamiento de los frames y una vez terminado vamos a realizar un repaso a todos los atributos que podemos usar con esta etiqueta.

Como hemos visto en el ejemplo la etiqueta <frameset> nos define el número de columnas, filas y su distribución. Tiene dos atributos "cols" y "rows".

<frameset cols="AA,BB,CC,...">

<frameset rows="AA,BB,CC,...">

Define la distribución según se use un atributo u otro. Igualmente define el número de frames que habrá.

<frameset rows="AA,BB"> (Tendrá dos frames en filas).

<frameset rows="AA,BB,CC"> (Tendrá tres frames en filas).

El tamaño de cada frame viene definido por el valor que le asignemos a AA, BB,....Este valor se puede expresar en porcentaje o número de pixeles.

<framest cols="%20,%80">

La columna de la izquierda ocupará el 20% del total de la pantalla y la segunda el 80%.

Podemos usar valores absolutos en pixeles para definir el ancho o alto de cada frame.

<frameset cols="40,600">

La columna de la izquierda ocupará 40 pixel y la de la derecha 400 pixel. Esta opción es algo peligrosa de usar puesto que cada usuario puede tener un ancho distinto de pantalla. Lo ideal, si decidimos usar algún valor absoluto, es compartirlo con otro relativo. Para conseguir mezclar los dos tipos de valores usaremos un asterisco * en lugar de un número. El asterisco se interpreta como que ese frame ocupará el resto de la pantalla Por ejemplo:

```
<frameset cols="40,*">
```

Si hay más de dos columnas en las que dos de ellas son definidas con número absoluto y la tercera con un valor relativo (asterisco), esta última ocupará el espacio restante.

Frames sin bordes.

Si deseamos que nuestros frames se muestren sin una línea divisoria entre ellos, podemos añadir el atributo "frameborder=0" dentro de la etiqueta <frameset>. No todos los navegadores soportan este atributo.

```
<frameset frameborder="0" cols="AA,BB">
```

Atributos de la etiqueta <frame>

A diferencia de la etiqueta <frameset> que definía las características del conjunto la etiqueta <frame> define las características de un frame en concreto. Puede contener los siguientes atributos:

_ NAME="nombre_de_la_ventana"

Es usado para asignar un nombre a un frame determinado. De esta manera podremos dirigir enlaces a este frame. Este atributo es opcional ya que en principio todos los frames carecen de nombre, pero es recomendable su uso para identificarlos correctamente. Los nombres deben empezar por caracteres alfanuméricos.

_ SRC="dirección"

Esta dirección puede ser la de un documento HTML creado por nosotros como el ejemplo anterior o cualquier otra dirección contenida en la WEB. Si no indicamos este atributo, inicialmente el frame aparecerá vacio.

_ MARGINWIDTH="numero"

Utilizamos este atributo para establecer manualmente los márgenes dentro de un frame. Opcional.

_ MARGINHEIGHT="numero"

Igual que el atributo anterior pero referido a los márgenes de altura.

_ SCROLLING="yes/no/auto"

Lo usamos para definir si el frame tendrá barra desplazadora. Si utilizamos "yes" la tendrá siempre, si usamos "no" no la tendrá nunca, si utilizamos la opción "auto" será el navegador el que escoge si tiene o no barra desplazadora. Su valor por defecto es "auto".

_ FRAMEBORDE="no"

Con este atributo eliminamos el borde de un frame. Si tenemos un frame contiguo también tendremos que quitárselo. Si queremos quitar todos los bordes es más útil usarlo en la etiqueta <frameset> como vimos antes.

_ TARGET

Como hemos visto en nuestro ejemplo anterior, el frame de la izquierda contenía un índice cuyos enlaces queríamos que se abrieran en el frame de la derecha llamado "principal".

<p><a href="presentacion.html" target="principal">Presentación</a>

Además de esta opción tenemos la posibilidad de que este atributo realice otras funciones especiales usando nombres especiales (reservados). Estas funciones especiales son:

_ TARGET="_blank". Hace que se abra una nueva página del navegador y en ella tendríamos a pantalla completa el enlace deseado.

_ TARGET="_self". Hace que el enlace dado se cargue en el mismo frame.

_ TARGET="_top". Hace que el enlace se cargue a pantalla completa en la misma pantalla del navegador suprimiendo todos los frames. Este modificador es muy útil cuando el enlace va dirigido a otra página web.

Formularios

Hasta el momento hemos visto y aprendido la forma en que el HTML gestiona y presenta la información que queremos principalmente mediante texto, imágenes y enlaces. Ahora ha llegado el momento en que vamos a empezar a confeccionar nuestra página web como interactiva, es decir la forma en la que podemos intercambiar información con nuestros visitantes. Naturalmente esta nueva posibilidad nos resulta muy útil a la hora realizar las multitudes de opciones que podemos realizar con nuestra web: Rellenar un cuestionario, comprar un articulo, enviar comentarios, etc.

Los formularios son esas famosas cajas que vemos en multitud de páginas en la que introducimos nuestros datos o enviamos información de otro tipo. Esos datos son enviados al correo electrónico de administrador de la web (webmaster) o a un programa que gestione esos datos.de forma automática.

Hemos de decir que con HTML solo podemos enviar la información, la gestión de esos datos es algo más complejo y necesitamos el uso de otros lenguajes de programación como PHP. Si necesitamos el proceso de esos datos la solución más sencilla es usar una de las mil utilidades prediseñadas que nos ofrecen los servidores de alojamientos web.

Los formularios vienen definidos por la etiqueta de inicio <form> y de cierre </form>. Entre estas dos etiquetas colocaremos todos los botones y etiquetas de la que está compuesto nuestro formulario.

La estructura básica de un formulario es la siguiente:

1.- Etiqueta de Inicio: <form>

2.- Cuerpo del formulario: Elementos para introducir datos.

3.- Botones de envío y borrado.

4.- Etiqueta de cierre: </form>

A continuación, vamos a conocer los principales atributos de los que está compuesto un formulario.

Etiqueta de Inicio

Atributo action

Nos define que tipo de acción queremos que se realice con nuestro formulario. Como hemos dicho antes tenemos dos opciones:

1.-Que sea enviado a una dirección de correo electrónico.

2.-Que sea enviado a un programa que gestione esos datos.

En el primero de los casos el formulario es enviado a la dirección de correo electrónico especificada en el atributo:

<form action=mailto:direccion@correo.com ...>

Mediante la segunda opción conseguimos que los datos adquiridos en el formulario sean enviados a un programa que va a gestionar los datos de forma automática En ese caso la sintaxis será:

<form action="dirección URL del archivo"..>

Atributo method

Este atributo nos indica la forma en la que nuestro funcionario es enviado. Los dos valores posibles que puede tomar este atributo son: "post" y "get". El valor por defecto es "post", es decir los datos son enviados en serie, es decir, uno detrás de otro. El valor "get" envía los datos en forma de variables.

Atributo enctype

Se utiliza para indicar el formato en el que se enviarán los datos. El valor más usual de este atributo es "text/plain". Con esta opción conseguimos que la información sea enviada como texto plano sin formato. Si enviamos la información a un programa que la gestione de forma automática no utilizaremos este atributo.

Un ejemplo estándar de la etiqueta <form> sería:

<form action=mailto:direccion@correo.com method="post" enctype="text">

Cuerpo del formulario

El HTML nos ofrece varias posibilidades de obtener la información en nuestros formularios. Para clarificar un poco las opciones de entradas de datos, las vamos a dividir en tres formas:

1.- Introducción por medio de texto.

2.- Introducción por medio de menús.

3.- Introducción por medio de botones.

Introducción por medio de texto

La introducción de datos por medio de texto se realiza mediante la etiqueta <input>. Dentro de esta etiqueta debemos colocar los atributos "type" y "name".

La sintaxis de una caja de texto básica sería:

<input type="text" name="elnombrequequieras">

Con el uso de la etiqueta <input type...> obtenemos una imagen similar a la siguiente:

Como ves el aspecto que obtenemos es el de una caja simple e intuitiva para introducir texto similar a la que vemos en centenares de formularios en página web.

Naturalmente el diseño de esta caja es mucho más flexible y podemos confeccionarla más acorde a nuestras necesidades con el uso de algunos atributos.

Size

Con este atributo se puede establecer el tamaño de largo de la caja. Naturalmente si estamos solicitando que nuestro visitante introduzca su apellido no podemos prever la longitud máxima del mismo, pero esto no es un problema puesto que lo que estamos definiendo es la longitud máxima del dibujo de la caja. Si el texto que introducimos es más largo que esta longitud, se irá desplazando.

Maxlength

Este atributo nos sirve para establecer la longitud máxima de la cadena de texto que se pueda introducir en la caja. No se podrán introducir más caracteres que los establecidos con este atributo.

Name

Sirve para asignarle un nombre al campo de entrada. Es importante que busques un nombre que te resulte fácil de identificar este campo a la hora de gestionar los datos, que nos lleguen desde este campo.

Value

Con este atributo podemos introducir un texto predefinido para que aparezca en el interior de nuestra caja. Este atributo es importante para dar una idea del formato de datos que estamos pidiendo. Por ejemplo si lo que estamos pidiendo es un número de teléfono y necesitamos el prefijo del país, podemos introducir un texto predictivo algo parecido a: +34XXXXXXXX

Vamos a realizar la prueba de una caja con el siguiente código:

```
<input type="text" size="30" maxlength="40" value=Nombre name="name">
```

Con esta etiqueta hemos creado una caja que tendrá una longitud de 30 pixeles en la que podremos introducir un texto con una longitud máxima de 40 caracteres y nos aparecerá un texto predictivo "Nombre", y le hemos asignado a esa variable el nombre "name". El aspecto sería:

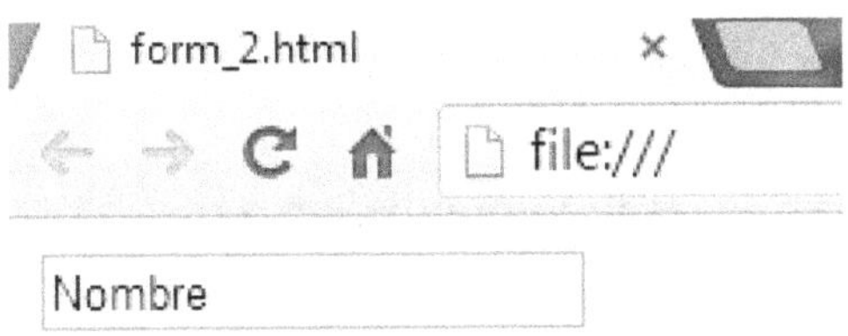

Introducción de texto oculto

Podemos esconder el texto introducido por medio de asteriscos cambiando el atributo type="text" por type="password". Este atributo es similar a text pero conseguimos una dosis de confidencialidad ya que los datos introducidos son reemplazados por asteriscos.

<input type="password" name="contraseña">

El resultado sera:

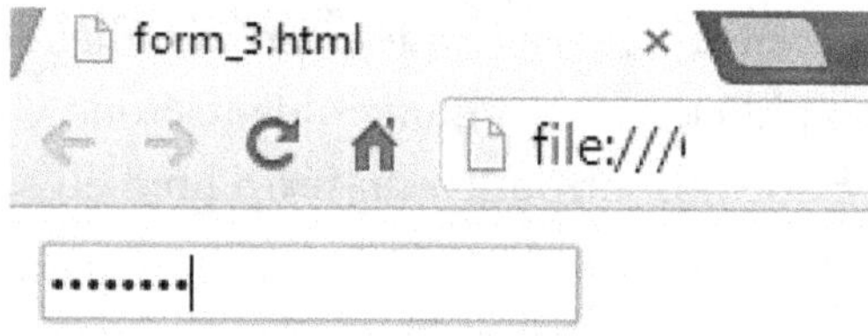

Como puedes ver en la imagen, los caracteres han sido sustituidos por asteriscos.

Introducción de cajas de texto

Si deseamos ofrecer a nuestro usuario un espacio para que pueda introducir un texto largo tal como una definición personal, enviarnos un comentario, sugerencias, etc. Tendremos que invocar una nueva etiqueta: <textarea> y su correspondiente cierre.

Dentro de la etiqueta <textarea> debemos indicar el atributo "name" para asociar su contenido a un nombre semejante a una variable que podrá ser tratado por los programas de gestión de datos. Además podemos definir el tamaño del campo con los siguientes atributos:

_ Rows .- Define el número de líneas del campo de texto.

_ Cols .- Define el número de columnas del campo de texto.

La etiqueta queda de la siguiente forma:

<textarea name="opinión" rows="10" cols="40"> </textarea>

El resultado en el navegador:

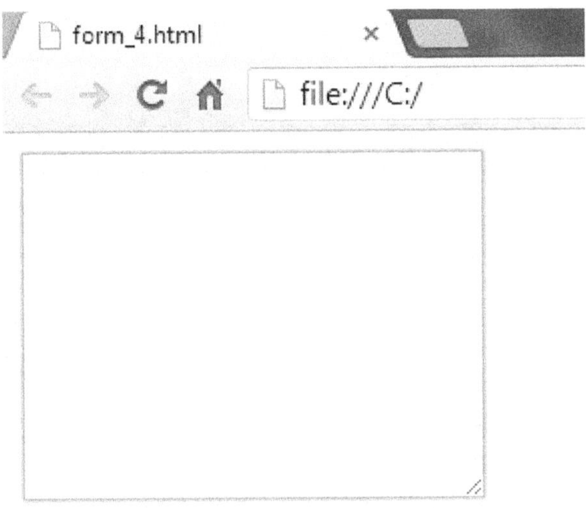

De igual manera podemos personalizar el contenido del cuadro de texto con un texto predefinido:

<textarea name="opinion" rows="10" cols="40"> Escribe tu opinión....</textarea>

El resultado:

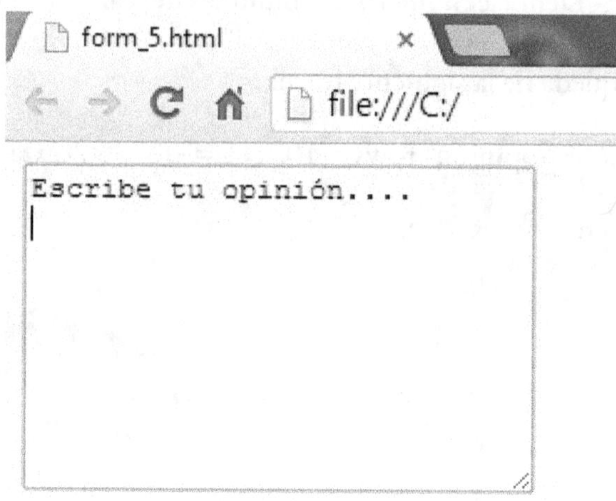

Una vez el usuario ha rellenado el cuadro de texto y pulsado enviar, recibiremos una variable llamada "opinión" cuyo contenido será el texto introducido por el usuario.

Introducción por medio de menús.

La introducción de datos tipo texto son una forma muy buena de hacernos llegar la información de nuestro visitante. No obstante, algunas veces, los textos pueden ser difíciles de tratar por los programas de gestión de datos o puede que su contenido no se ajuste a la información que requerimos. Por ello, algunas veces puede ser más interesante proponer una pregunta y ofrecer varias opciones como contestación.

Un ejemplo de este tipo de menú seria ofrecer una lista de edades, ciudades, formas de pago, etc....

Estos tipos de opciones pueden ser presentados de diversas formas:

Listas de opciones.

Las listas de opciones son ese tipo de menús que nos ofrece una lista de opciones de las que tendremos que seleccionar una o varias de las opciones que nos ofrecen. Para construir esta lista usaremos la etiqueta <select> y su cierre </select>.

Como en los casos de texto, definiremos el contenido con el atributo "name". Cada una de las opciones la especificaremos en cada línea precedida de la etiqueta <option>.

La forma más fácil y típica de presentar las listas de opciones es:

```
<select name="estacion">

<option>Primavera</option>

<option>Verano</option>

<option>Otoño</option>

<option>Invierno</option>

</select>
```

El resultado de esta lista de opciones sería:

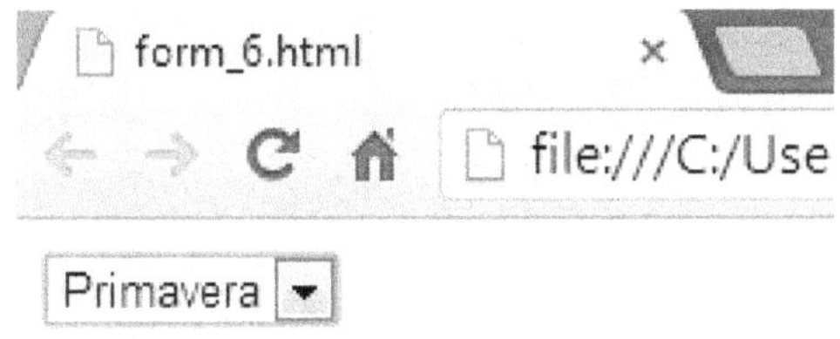

Este tipo de lista de opciones la podemos modificar mediante el uso de dos atributos:

_ **Size**.- Indica el número de valores a mostrar en la lista. El resto podrá verse mediante la barra lateral de desplazamiento.

_ **Múltiple**.- Permite la selección de varias de las opciones de la lista. Esta selección se realiza mediante el uso de las teclas Control o Shift. Este atributo se ofrece sin ningún valor.

Vamos a comprobar el efecto de estos atributos con el ejemplo anterior:

```
<select name="estacion" size="3" multiple>

<option>Primavera</option>

<option>Verano</option>

<option>Otoño</option>

<option>Invierno</option>

</select>
```

Mira el resultado:

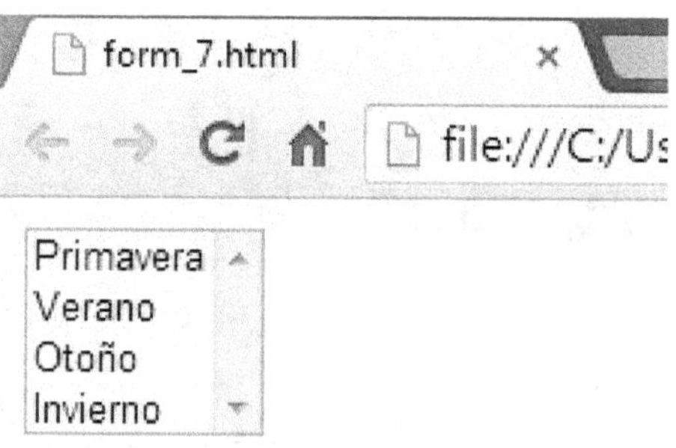

La etiqueta <option> puede a su vez, ser modificada por los siguientes atributos:

Selected .- Esta opción no toma ningún valor sino que simplemente indica la opción que presenta es la elegida por defecto.

```
<select name="estacion" size="3">

<option>Primavera</option>

<option selected>Verano</option>

<option>Otoño</option>

<option>Invierno</option>

</select>
```

Observa el resultado

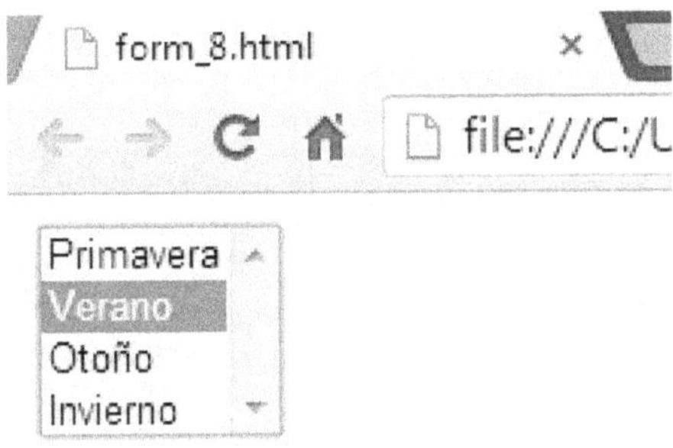

Value .- Define el valor que tomará la opción elegida. Este valor puede ser un número o una letra, es decir si a la opción "Primavera" le adjudicamos el valor "1":

```
<option value="1">Primavera</option>
```

el resultado que enviará el formulario si se elige la opción primavera será "estacion=1". El uso de valores numéricos facilita mucho el manejo de la información recibida.

Botones de radio.

Otra alternativa para de ofrecer una elección en un formulario, es obligar al usuario de nuestro formulario a elegir una de las opciones que le proponemos.

La etiqueta que usaremos para este tipo de entrada es <input> en la cual incluimos el atributo "type" que ha de tomar el valor "radio". Con el ejemplo veremos más claro el uso.

```
<input type="radio" name="estado" value="1">Soltero

<br>

<input type="radio" name="estado" value="2">Casado

<br>

<input type="radio" name="estado" value="3">Divorciado
```

Seguro que has encontrado algo raro en este ejemplo. Efectivamente, hemos incluido saltos de espacio "<br>". Esto es debido a que la etiqueta <input type=radio> solo nos coloca los cuadros pinchables en la página, los textos que aparecen al lado son tratados como texto norma en HTML.

Vamos a aclarar el funcionamiento, como ves a cada una de las opciones se le atribuye una etiqueta <input> dentro de la cual asignamos un mismo nombre para todas las opciones "name=estado" pero un valor distinto para cada una de las opciones. De esta forma si el usuario marca la opción "Casado" el valor de la variable "estado" será igual a "2"

Como ves, el resultado es algo distinto a lo visto anteriormente:

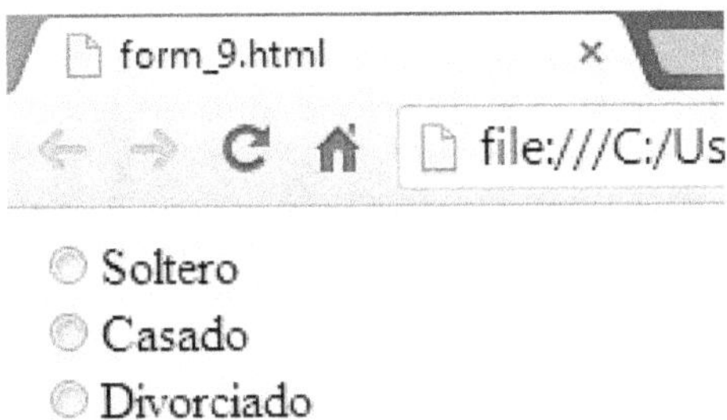

Igual que en la lista de opciones podemos conseguir mostrar una de las opciones preseleccionadas incluyendo el atributo "checked" así:

```
<input type="radio" name="estado" value="2" checked>Casado
```

Modificando esa línea en el ejemplo anterior sería:

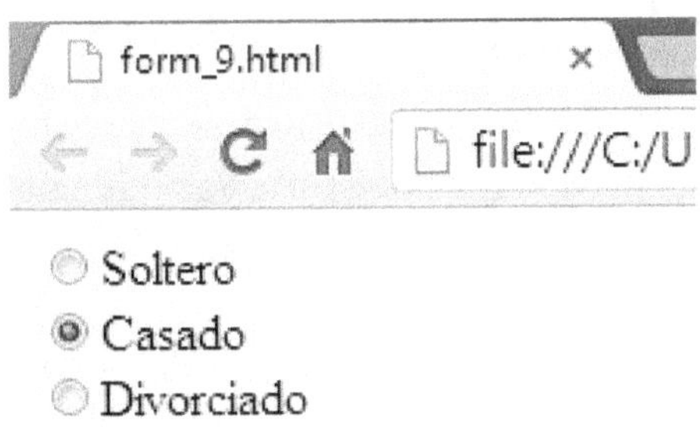

Cajas de validación.

Este tipo de entrada de datos es muy similar al visto anteriormente pero con dos diferencias. La primera es meramente estética, es decir es presentada de otra forma, y la segunda y más importante es que con este tipo de entradas podemos seleccionar más de una entrada. Su sintaxis:

```
<input type="checkbox" name="estado" value="2" checked>Casado
```

Usando las mismas entradas que el ejemplo anterior obtendríamos lo siguiente:

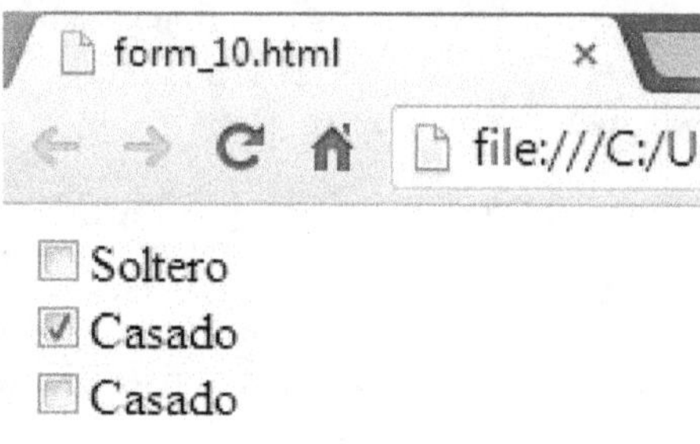

Botón de envío y borrado en Formularios.

Hasta ahora hemos visto múltiples formas de recoger la información en nuestro formulario pero seguro que observas que falta algo esencial, el botón de envío de los datos. Esto se consigue con la etiqueta:

```
<input type="submit" value="XXXX">
```

Donde XXXX es el texto que queremos que aparezca en el botón. Con esta etiqueta, cambiando "XXXX" por el texto "Enviar", conseguimos una caja de envío similar a esta:

Otro factor a tener en cuenta es contemplar la posibilidad de un error y la necesidad de introducir algún elemento que permita borrar los datos introducidos e introducir datos nuevos. Lo ideal es incluir en nuestro formulario otro botón que nos permita el borrado de datos.

```
<input type="reset" value="XXXX">
```

Donde XXXX es el texto que queremos que aparezca en el botón. Si sustituimos XXXX por Borrar obtendríamos un botón así:

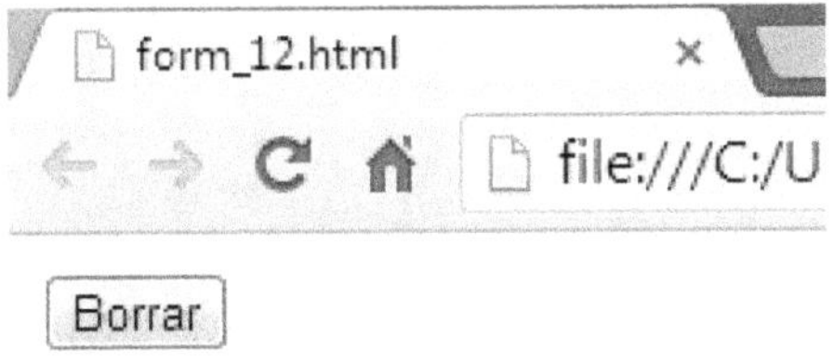

Con esto hemos terminado nuestro capítulo sobre formularios, de manera que prepárate para realizar un formulario para tu página web.

Ejercicio práctico nº 5

Te propongo que realices un formulario para tu web en el que quieres conocer el grado de satisfacción de tus visitantes. Además quieres que el resultado sea enviado a una dirección de correo determinada.

Ánimo, seguro que el resultado de tu formulario es mejor que el realizado por nosotros.

Solución al ejercicio práctico nº 5

Captura de pantalla

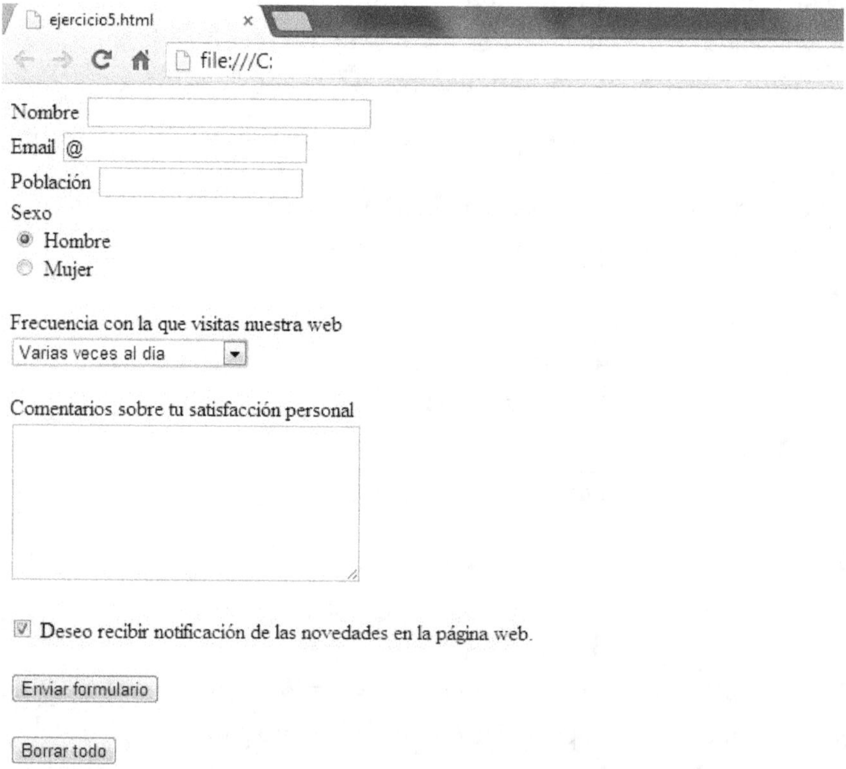

Código HTML

```
<form    action="mailto:colabora@desarrolloweb.com"    method="post"
enctype="text/plain">

Nombre      <input      type="text"      name="nombre"      size="30"
maxlength="100">

<br>

Email  <input  type="text"  name="email"  size="25"  maxlength="100"
value="@">

<br>

Población      <input      type="text"      name="poblacion"      size="20"
maxlength="60">

<br>

Sexo

<br>

<input type="radio" name="sexo" value="Varon" checked> Hombre

<br>

<input type="radio" name="sexo" value="Hembra"> Mujer

<br>

<br>

Frecuencia con la que visitas nuestra web

<br>

<select name="utilizacion">

<option value="1">Varias veces al día

<option value="2">Una vez al día
```

```
<option value="3">Varias veces a la semana

<option value="4">varias veces al mes

</select>

<br>

<br>

Comentarios sobre tu satisfacción personal

<br>

<textarea cols="30" rows="7" name="comentarios"></textarea>

<br>

<br>

<input type="checkbox" name="recibir_info" checked>

Deseo recibir notificación de las novedades en la página web.

<br>

<br>

<input type="submit" value="Enviar formulario"> <br> <br> <input
type="Reset" value="Borrar todo">

</form>
```

Con el capítulo dedicado a la creación de Formularios hemos terminado nuestra pequeña, pero intensa, introducción al código HTML. Con todo lo aprendido estás más que preparado/a para crear una página web con todo lo necesario.

Evidentemente sería absurdo por mi parte convencerte de que eres todo un "Máster" en HTML puesto que no era el propósito de este libro. El HTML es mucho más extenso de lo que aquí hemos tratado, pero espero y de eso se trataba, que esta introducción sencilla te animará a profundizar en este magnífico lenguaje de programación.

Si he conseguido mantener tu atención y tu interés hasta llegar a este punto me sentiría agradecido de poder haberte ayudado en tu propósito.

El siguiente capítulo que te propongo no tiene nada que ver con HTML pero se trata de otro lenguaje de programación que puede convivir con él y además puede convertir el HTML en un lenguaje interactivo dado que abre un abanico enorme de posibilidades con bases de datos.

Te estoy hablando de PHP y su conexión con bases de datos MySQL. Se trata de una pequeña introducción para que compruebes su gran potencial y además entiendas la relación existente entre una página web y su conexión con bases de datos de todo tipo.

Te animo a que le des un breve repaso.

Introducción al PHP

Me gustaría poder definirte en pocas palabras todo lo que es este lenguaje de programación que tanta vida ha dado a las páginas Web haciéndolas más dinámicas, pero no es tarea fácil por lo peculiar de este lenguaje de programación.

Es un leguaje que se puede usar en cualquier página, similar al HTML, pero distinto pues usa otra forma de escribir sus sentencias.

Hay algo que lo hace aún más distinto, mientras cualquier navegador interpreta perfectamente el HTML, del PHP no tiene ni idea, como si le escribiésemos en "chino", no interpreta nada de lo que le decimos.

¿Para qué sirve entonces este código? pues muy sencillo, este código no se invento para hablarle al navegador sino para darle ordenes al servidor (el sitio donde se aloja nuestra página Web) para que haga lo que nosotros ordenemos. Cuando escribimos alguna orden en PHP dentro de nuestra Web, el servidor hace lo que le ordenamos y presenta el resultado de esta orden al visitante.

Veamos un ejemplo: Quiero que mi página muestre el resultado de 5+5, lo que hago es intercalar entre el lenguaje HTML unas ordenes en PHP para que mi servidor realice esa suma. Cuando terminamos de programar nuestra Web, la subimos al servidor para que espere a que alguien quiera visitar nuestra Web.

Cuando un visitante teclea el nombre de nuestra Web, el servidor le manda a esa persona el resultado de nuestra Web. Cuando llega a las líneas de la orden en PHP, como nuestro servidor sabe que el navegador no tiene ni idea de PHP, lo que hace es realizar esa suma y enviar el resultado, más o menos 10, al navegador pero en código HTML que si lo entiende.

Para que veas que esto es así y lo compruebes por ti mismo/a, puedes ir a tu navegador y buscar alguna página. Desde el navegador puedes ver el código HTML de cualquier página, ¿qué cómo? pues normalmente en "Herramientas o archivo", depende del navegador que use, "Ver código fuente de la página". Ahí veras todas las líneas de la página escritas en HTML pero ninguna de las escritas en PHP. Esto, entre otras cosas buenas del PHP, es que nadie puede ver las tripas de nuestra página y serán invisibles a los ojos de quien quiere copiar nuestra preciosa página.

Esto también tiene sus inconvenientes, cuando nosotros estamos escribiendo nuestra página, en HTML podemos ir viendo los resultados de la misma haciendo vistas previas en el navegador de nuestro ordenador. Ahora bien, como hemos dicho antes, el lenguaje PHP solo lo interpretan los servidores y nuestro ordenador PC no es un servidor, no podremos ver nuestros logros directamente, tendremos que subir la web al servidor para ver el resultado en nuestro navegador.

Ahora mismo estás pensando que es un gran inconveniente lo laborioso de tener que subir al servidor nuestras pruebas cada diez minutos cuando realizamos algún retoque.

Hay otra opción, que es la que uso yo, convertir tu PC en tu propio servidor para trabajar de manera rápida y ver los resultados directamente sin necesidad de estar conectado a internet constantemente. ¿Cómo? pues para eso estamos aquí, para ayudarte y decirte como puedes hacer las cosas.

Seguramente hay muchas formas pero la que te propongo es muy fácil de realizar, en diez minutos conviertes tu PC en servidor, además lo pones a funcionar únicamente cuando quieres y no consumes recursos de memoria.

Si te decides por esta opción lo primero que tienes que hacer es bajar el programa AXMPP que es gratis y de código abierto. No todo lo bueno tiene que costar dinero. El programa lo puedes bajar en esta dirección http://www.apachefriends.org/es/xampp.html se te abrirá en otra ventana. Una vez en la página puedes descargarlo en ZIP o en un ejecutable. En ZIP solo tienes que descomprimirlo donde quieras. El ejecutable te lo instala directamente, te recomiendo esta opción.

Una vez instalado solo tienes que arrancarlo para convertir tu PC en un servidor. Una ventaja adicional es que este programa te facilita un PhP Myadmin para que crees bases de datos y puedas realizar tus pruebas con ellas. Una gran ventaja.

Veras que te ha creado un directorio llamado AXMPP y dentro de este otro llamado htdoc. Para probar tus páginas, creas un directorio dentro de htdocs con el nombre de tu web, en este directorio es donde tienes que colocar tu web, es decir tu Index.html o Index.php.

Ejemplo: Si quieres probar un sitio llamado "mimejorweb", tienes que crear un directorio tal que así "c:/Axmpp/htdocs/mimejorweb/" y ahí es donde pones tus páginas. Si colocas una página con extensión php, no podrás ejecutarla pinchando directamente sobre ella, sino que tendrás que ejecutarla desde el navegador. Recuerda tu PC es ahora un servidor.

La forma correcta de hacerlo sería tecleando http://localhost/index.php y magia aparecerá tu web.

Primeras sentencias en PHP en nuestra página

Recuerda, si has leído el tutorial de HTML, que cualquier página ha de empezar con <html> y terminar con </html>, y que dentro de la página para escribir un párrafo, por ejemplo, hay que indicarlo con <p> y </p>.

Pues bien, cuando queremos insertar código PHP en nuestra página hay que avisarle al servidor que las líneas tan raras que vienen a continuación es PHP, y... ¿cómo lo hacemos? pues con las etiquetas <?php al principio y ?> al final de nuestras órdenes.

Bueno vamos a empezar a trabajar un poco. Primero vamos a realizar una página en HTML puramente y luego insertaremos código PHP.

```
<html>

<head>

<title> Tu página con Php</title>

</head>

<body>

<h1> Código PHP</h1>

<p> Que bonito queda el PHP </p>

</body>

</html>
```

Como hemos dicho antes esta es una página escrita solo en HTML en la que hemos puesto un título, un encabezado y un párrafo. Esta preciosa página la puedes guardar con extensión html y ejecutarla en tu navegador para ver cómo queda, ahora cambia la extensión por php. Ya no puedes verla ¿recuerdas por qué? Te recuerdo que para ejecutar las sentencias en PHP, la página ha de tener siempre la extensión PHP. Sigamos:

```
<html>

<head>

<title> Tu pagina con Php</title>

</head>
```

```
<body>

<h1> Código PHP</h1>

<p> Que bonito queda el PHP </p>

<?php

echo "esto es lo que queremos que nos escriba"

?>

</body>

</html>
```

Guarda esta página con el nombre prueba1.php. Ahora te recuerdo nuevamente que con esta extensión no la puedes ejecutar directamente desde el navegador, sino que la tienes que probar en un servidor. Imagino que me hiciste caso e instalaste el AXMPP en tu PC para poder ejecutar php sin necesidad de usar el servidor de internet.

Recuerda también que si miramos el código fuente del ejemplo anterior, no podrás ver nada de lo escrito en php, solo las sentencias en html.

El ejemplo anterior lo veríamos así en el navegador:

Codigo PHP

Que bonito queda el PHP

Esto es lo que queremos que nos escriba

Si comprobáramos el código fuente veríamos todo excepto las sentencias escritas en PHP. Ahora ya no puedes parar, somos unas máquinas.

Bueno una vez vistas las primeras pinceladas de PHP es hora de que decidas si quieres seguir con este rollo. Si es así, adelante, te invito a que te adentres en el código PHP y por supuesto si ha sido de tu agrado este manual puedes adquirir el nuevo PHP para novatos.

www.ingramcontent.com/pod-product-compliance
Lightning Source LLC
Chambersburg PA
CBHW050541160726
48003CB00002B/696